WODKA

GESCHICHTE · HERSTELLUNG · MARKEN

INHALT

Wodka-Wissen

GESCHICHTE DES WODKAS

Wodka gehört zu den meistgetrunkenen Spirituosen der Welt. Doch während Whisky, Rum und Gin sich längst einen Ruf als Edel-Spirituosen erworben haben, gilt Wodka gegenwärtig häufig noch als Beschleuniger der Massen. Doch es zeichnet sich bereits ab, dass die Lifestyle- und Genussgemeinde auch vor diesem osteuropäischen Klassiker nicht haltmachen wird. Und das zu Recht. Denn auch wenn es bei der Kunst der Wodkaherstellung darum geht, einen möglichst reinen Brand herzustellen, bedeutet das nicht, dass Wodka allenfalls eine perfekte Cocktailbasis ist: Vielmehr kann dieser Brand über eine erhebliche Vielfalt feinster Geschmacksnuancen verfügen.

DIE URSPRÜNGE DES WÄSSERCHENS

Wodka ist nicht nur eine der beliebtesten Spirituosen weltweit, sondern zählt auch zu den ältesten. Es gibt Stimmen, die gar behaupten, man habe schon im 8. oder 9. Jahrhundert Wodka gebrannt – was bedeuten würde, dass Wodka deutlich älter ist als Whisky oder Rum. Belegen lässt sich das allerdings nicht. Erstmals amtlich verbrieft wurde die Herstellung eines Wodkas 1405 in Sandomierz im damaligen Königreich Polen. Nichtsdestoweniger beanspruchen auch die Russen die Wodka-Urheberschaft für sich: So sollen bereits zuvor im legendären Tschudow-Kloster im Moskauer Kreml – das 1930 dem Verwaltungsgebäude des Moskauer Kreml weichen musste – Mönche nach dem Vorbild französischer und italienischer Kollegen klare Schnäpse destilliert haben. Dokumentiert wurde dies aber erst im Jahre 1474. Ein ganz eigenes Kapitel Wodkageschichte schrieb übrigens Anfang des Jahrtausends der für seine Extravaganzen bekannte Moskauer Oberbürgermeister Luschkow, der die Stadt von 1992 bis 2010 regierte: Der nämlich verkündete 2002, dass das Geburtsjahr des Wodkas 1503 gewesen sei, um dieses willkürlich gewählte Datum zum Anlass zu nehmen, im folgenden Jahr unter dem Slogan „500 Jahre Wodka" das Jubiläum des russischen Nationalgetränks feiern zu lassen – ein Schelm, wer dort irgendeinen Zusammenhang mit der seinerzeit bevorstehenden Eröffnung des Moskauer Wodka-Museums erkennen will.

terte und dass diese Entwicklung in verschiedenen Regionen parallel verlief. Ganz sicher richtig liegt man wohl mit der Feststellung, dass die Ursprünge des Wodkas in Osteuropa

Eine alte ukrainische, mehrstufige Destillationsanlage zur Wodkaherstellung im Freilichtmuseum von Perejaslaw-Chmelnyzkyj. Auf der linken Seite unter der weiß verputzten Abdeckung befand sich die Feuerstelle.

Neben Russland und Polen bewerben sich auch die baltischen Länder um die Urheberschaft für den Wodka, doch endgültig klären lässt sich seine Herkunft nicht. Vielmehr kann man wohl davon ausgehen, dass sich das Wissen um die Wodkaherstellung in einem mehr oder weniger stetigen Prozess vertiefte und erwei-

liegen, und ungeachtet seiner inzwischen weltweiten Verbreitung wird er bis heute vor allem im sogenannten Wodkagürtel konsumiert, dem man im Allgemeinen Russland, Weißrussland, die Ukraine, Litauen, Lettland, Estland, Polen, Finnland, Schweden, Norwegen und Island zurechnet.

Auch wenn man den Ursprüngen des Wodkas über seine sprachlichen Wurzeln nahezukommen versucht, gewinnt man wenig Klarheit. Das Wort Wodka ist ein Diminutiv des Wortes *woda* und bedeutet, wie inzwischen wohl hinlänglich bekannt ist, „Wässerchen", und das nicht nur im Russischen, sondern auch in allen anderen slawischen Sprachen. Doch letztlich ist es auch nicht entscheidend herauszufinden, wer den Wodka nun tatsächlich erfunden hat. Fakt ist, dass Wodka insbesondere in Polen und Russland eine jahrhundertelange und auch verbriefte Tradition hat.

Allzweckwaffe Wodka

Wodka bedeutet nicht nur Spaß im Glas, sondern leistet auch im Haushalt erfreuliche Dienste: Als sehr reine Spirituose eignet sich der Brand bestens als Desinfektionsmittel, und bei der Beseitigung von Schmier- oder Fettflecken auf glatten Oberflächen kann er es durchaus mit haushaltsüblichen Glasreinigern aufnehmen. Außerdem kann man das Wässerchen auch als Raumspray verwenden. Einfach in eine Sprühflasche geben, einige Tropfen ätherisches Öl mit Lieblingsduft zugeben und lossprühen – das sorgt für reine Luft und lässt unangenehme Gerüche im Nu verschwinden.

Glaubt man einer im „New England Journal of Medicine" veröffentlichten Studie, senkt maßvoller Wodkagenuss (drei bis vier Gläschen pro Woche) das Schlaganfallrisiko. Serviervorschläge für diese Genussarznei finden sich in den Cocktailrezepten in diesem Buch.

Lars Olsson Smith machte es 1879 vor: absolut reiner Branntwein. Aber ob er dabei auch die reinigende Kraft von Wodka im Sinn hatte?

WODKA MADE IN RUSSIA

Einer der Gründe dafür, dass die Geschichte des Wodkas in Russland besonders gut dokumentiert ist, liegt in der jüngeren Vergangenheit. Mitte der 1970er-Jahre nämlich versuchte die Sowjetunion mit diversen Wodkamarken auf dem westlichen und insbesondere US-amerikanischen Markt – und damit beim Klassenfeind – Fuß zu fassen. Dass diese Bestrebungen im Land der unbegrenzten Möglichkeiten auf wenig Gegenliebe stießen, kann man sich angesichts des damals noch in vollem Gange befindlichen Kalten Krieges – die Kubakrise lag noch nicht allzu lange zurück – unschwer vorstellen. So erhoben mehrere westliche Firmen den Einspruch, sie stellten bereits deutlich länger Wodka her als die Sowjetunion und bei der in der UdSSR produzierten Spirituose handele es sich überhaupt nicht um „authentischen" Wodka, der folglich auch nicht unter diesem Namen vertrieben werden dürfe. Gleichzeitig wagte es auch Polen, obwohl seinerzeit noch sozialistisches Bruderland, die Urheberschaft auf das hochpro-

Die Geschichte des Wodkas in Russland wird im Muzey Russkoy Vodki in St. Petersburg anschaulich vermittelt.

zentige Getränk und damit das Recht auf die Nutzung der Bezeichnung Wodka – oder vielmehr *wódka*, wie es auf Polnisch heißt – für sich zu reklamieren. Diese Anfechtungen riefen verschiedene russische Wissenschaftler und Autoren auf den Plan, die in ihren Werken Russlands Status als Erfinder des Wodkas zu zementieren versuchten. Am bekanntesten ist in diesem Kontext wohl die unter dem Titel „Istorija vodki" (Geschichte des Wodkas) erschienene Untersuchung des sowjetischen „Foodjournalisten" und Nahrungsmittelhistorikers Vil'jam V. Pochlebkin, der mittels linguistischer, wirtschaftshistorischer und soziologischer Argumente zu beweisen versucht, dass Wodka Ende des 15. Jahrhunderts erstmals in großem Stil hergestellt und verkauft wurde – und das in Russland. Ob Pochlebkin nun recht hat oder nicht, bleibt bis zum gegenwärtigen Zeitpunkt unklar, wohl aber kann man feststellen, dass er allerlei Wissenswertes zum Thema Wodka zusammengetragen hat.

EINNAHMEQUELLE WODKA

Bereits mit der ersten Verbreitung des Wodkas erkannten die russischen Herrscher sein ganzes finanzielles Potenzial. Im Gegensatz zu Wein, Bier und Kwas war das neue Getränk nicht im häuslichen und teilweise auch religiösen Leben der Menschen verankert, sondern etablierte sich im Laufe der Jahrhunderte als mehr oder we-

Innenaufnahme im Wodka-Museum Smirnoff in Myschkin

niger in der Öffentlichkeit konsumiertes Getränk. Dabei kam es zu diversen Monopolisierungen und Liberalisierungen der Wodkaproduktion.

So ließ Iwan der Schreckliche 1552 die ersten Trinkhäuser in Moskau eröffnen, damit in diesen Kabak genannten Kneipen auf und zu seinem Wohl getrunken werde. Essen durfte dort nicht serviert werden, und wer ein Kabak betrieb, haftete mit seinem eigenen Hab und Gut dafür, dass der Staat genug verdiente. Was die Kabaks wohl insbesondere bei zwielichtigen Gestalten zu einem geschätzten Rückzugsort machte, war die Tatsache, dass man dort beinahe so sicher war wie in der Kirche. Selbst wenn jemand eines Verbrechens verdächtigt wurde, durften die Behörden ihn erst festsetzen, wenn er sein letztes Hemd vertrunken hatte.

Silberner Niello-Wodkabecher von Jonas Bergström (Moskau, 1807)

Letztlich bewährte sich dieses System jedoch nicht, und Peter der Große hob das staatliche Produktionsmonopol, das seit dem 16. Jahrhundert in seiner Form im Laufe der Zeit immer wieder variiert und unterschiedlich streng gehandhabt worden war, im 18. Jahrhundert schließlich vollständig auf. Er ging nämlich davon aus, dass es für den Staat deutlich lukrativer sein würde, sein Branntweinmonopol aufzugeben, wenn man die Produktion nur hoch genug besteuerte. Und Peter benötigte dringend Geld für seine zahlreichen Feldzüge. Und er sollte recht behalten: Nach Aufhebung des Monopols stieg die russische Wodkaproduktion ganz erheblich.

DAS GOLDENE ZEITALTER DES RUSSISCHEN WODKAS

Ein Schlüsseldatum für die Wodkaproduktion in Russland war schließlich das Jahr 1765. Damals herrschte Katharina II., besser bekannt als Katharina die Große, über das russische Volk. Sie verstaatlichte die Branntweinherstellung wieder und führte

Wodkaglas aus dem Trinkservice der Kaiserlichen Russischen Glasmanufaktur St. Petersburg, welches 1840 zum achtzehnten Geburtstag der Großfürstin Olga von Zar Nikolaus I. für ihre Mitgift in Auftrag gegeben wurde.

dabei ein zweigeteiltes System ein: Einerseits erhielt der Landadel das Privileg, für den Eigenbedarf zu brennen und mit seiner Produktion den Hof und die dazugehörige Bauernschaft zu versorgen. Weiterhin sollte ein Netz aus staatlichen Destillerien dafür sorgen, dass auch die Gläser der restlichen Bevölkerung – namentlich Klerus, Städter und Kaufleute – nicht leer blieben. Schwarz gebrannt wurde natürlich auch weiterhin.

Damit setzte ein goldenes Zeitalter der Wodkaherstellung ein, denn für den Adel spielte Geld bei der Produktion des beliebten Brandes keine Rolle. Und da er auch für den Eigenbedarf produzierte, wanderte häufig das beste Getreide in seine Destillerien, während die Landbevölkerung sich für ihr Brot mit minderwertiger Qualität bescheiden musste. Auch begann man schon damals, Wodka mit Obst und Kräutern zu aromatisieren. Mit der steigenden Qualität der Spirituose wurden auch Adelshöfe im Westen auf den Wodka aufmerksam, und die Produkte der in Adelshand befindlichen Brennereien wurden, wenn auch noch in recht bescheidenem Rahmen, erstmals exportiert.

Die staatlichen Destillerien hingegen fristeten seinerzeit eher ein Schattendasein, und das ungeachtet der durchaus akzeptablen Qualität ihrer Wodkas. Der Grund war ihre Abhängigkeit von den sogenannten Getränkekammern, die die Brände im Auftrag des Staates einsammelten, damit dieser sie dann auf den Markt bringen konnte. Wenn die Produktion der staatlichen Brennereien die

Russische Farblithografie, St. Petersburg, etwa 1900

Nachfrage nicht decken konnte, waren die Getränkekammern befugt, von privaten Brennern Wodka zuzukaufen. Diese wiederum verstanden es, die Getränkekammern mit attraktiven Einkaufsbedingungen zu locken. Damit gerieten die staatlichen Brennereien immer mehr ins Abseits, und gegen Ende des 18. Jahrhunderts waren sie beinahe vollständig von der Landkarte verschwunden.

STAATLICHE QUALITÄTS-SICHERUNG

Obwohl das Destillieren von Branntwein eigentlich ein Adelsprivileg war, wurde natürlich auch in zahllosen Hausbrennereien weiter schwarz gebrannt, allerdings in zunehmend schlechter Qualität. Gleichzeitig drängten seit dem frühen 19. Jahrhundert vor allem aus Polen und Deutschland billige, qualitativ minderwertige Industriebrände aus preiswerten Rohstoffen wie Kartoffeln auf den russischen Markt. Um dem Konkurrenzdruck standzuhalten, senkten auch die russischen Wodkaproduzenten ihre Preise – und ihre Qualitätsstandards. Damit verschwanden die anspruchsvollen Wodkas beinahe gänzlich vom Markt. Auf diese Misere reagierte der Staat 1890 mit einer neuerlichen vollständigen Monopolisierung der Branntweinherstellung.

Mischapparaturen in einer Wodkamanufaktur in Russland vor der Filtration durch Holzkohle und Sand (Gravur von Poyet im Journal „La Nature", 1901)

Prozess der Flaschenabfüllung in einer Wodkamanufaktur in Russland (Gravur von Poyet im Journal „La Nature", 1901)

Außerdem hatte man bereits 1884 ein technisches Komitee mit zahlreichen renommierten Wissenschaftlern einberufen, das Qualitätsstandards für die Branntweinherstellung ausarbeiten sollte. Unter diesen Fachleuten befand sich auch der Chemiker Dmitri Iwanowitsch Mendelejew, der vor allem als Begründer des Periodensystems bekannt ist. Dass er dem „Wodka-Komitee" angehörte, ist nicht weiter erstaunlich, wenn man bedenkt, dass er seine Doktorarbeit „Über die Verbindung von Alkohol mit Wasser" – im Prinzip also Wodka – schrieb, und er gilt als Erfinder der Wodka-Formel, die besagt, dass Wodka mit einer Trinkstärke von 40 Volumenprozent am bekömmlichsten und wohltuendsten sei – und tatsächlich werden Wodkas heute vor der Abfüllung durch die Zugabe von Wasser weitgehend auf diese Stärke gebracht. Die geballten Anstrengungen zur Rettung des russischen Nationalgetränks Wodka führten schließlich dazu, dass Anfang des 20. Jahrhunderts in allen staatlichen Destillerien nach standardisierten Verfahren und mit identischen Technologien produziert wurde.

WODKA IN DER POLITIK

Damit war die Qualität des „offiziellen" Wodkas einstweilen gesichert, doch die illegalen Destillerien scherten sich natürlich kein bisschen um staatliche Vorgaben. Dort entstand weiterhin minderwertiger Fusel, mit dem sich vor allem die Teile der russischen Bevölkerung zufriedengaben, die der Trunksucht erlegen waren –

und das waren schon damals nicht wenige. Mit der Einführung der staatlichen Monopolläden 1895 wurde es schließlich unmöglich, dem Wodka in den eigens dafür eingerichteten Trinkstuben zuzusprechen, und in der Folge wurde vermehrt auf der Straße und zu Hause getrunken. Nach der ersten russischen Revolution 1905 war die Alkoholfrage sogar Gegenstand einer Parlamentsdebatte, und mit Beginn des Ersten Weltkriegs ließ der Zar alle Schnapsläden schließen, weil er nicht zuletzt den Alkoholkonsum seiner Soldaten für seine Niederlage im Russisch-Japanischen Krieg verantwortlich machte. Damit stieg der Konsum von Selbstgebrannten in der Arbeiterschaft und auf dem Land ganz erheblich.

Die Oktoberrevolution schließlich setzte nicht nur der Herrschaft der Zaren ein Ende, sondern auch dem Alkoholgenuss, denn Lenin wollte eine „Diktatur der Nüchternheit" einführen. Im Wodka fürchtete er „die Waffe, die den jungen proletarischen Staat zu vernichten drohte". Doch wie die Prohibition in den USA zeigte das Alkoholverbot in Russland nicht die gewünschte Wirkung, und schon bald

Russischer Wodka-Schwarzbrenner (historische Schwarzweißaufnahme von 1921)

Die Brennerei von Pjotr Smirnow benutzte weltweit als erste Holzkohle zum Filtern. Sein Sohn Wladimir Smirnow (im Bild) übernahm 1910 die Firma und emigrierte nach der Oktoberrevolution mit der ganzen Familie nach Westen.

nach Lenins Tod wurde wieder mehr getrunken und schwarz gebrannt. Bereits 1924 ließen die Kommunisten den Konsum leichten Alkohols wie Bier und Wein wieder zu, und ab 1936 durfte auch wieder Wodka hergestellt werden. Während des Alkoholverbots allerdings hatten sich namhafte Wodkaproduzenten wie Smirnow und Gorbatschow in den Westen abgesetzt, um ihre Unternehmen dort neu zu gründen und ihren Wodka fortan für den westlichen Markt zu brennen.

Als schicksalhaft sollte sich auch die Entscheidung der Kommunistischen Führung erweisen, den kämpfenden Soldaten ab 1940 eine tägliche Wodka-Ration von 100 Gramm zuzuteilen, um deren Kampfgeist zu steigern und ihre Bereitschaft zur Selbstaufopferung zur erhöhen. Durch diese Maßnahmen kamen auch Menschen in den Genuss von Wodka, die zuvor noch nicht mit ihm in Berührung gekommen waren, so zum Beispiel muslimische Soldaten und Sanitäterinnen. Am Ende gehörte die Sowjetunion zwar tatsächlich zu den Siegermächten, sah sich nach Kriegsende aber auch mit geschätzten 15 Millionen Alkoholikern konfrontiert, deren Resozialisierung nie wirklich gelungen ist.

Dennoch gab es auch nach 1945 kaum Bestrebungen seitens der Sowjetregierung, das übermächtige Alkoholproblem im Land ernsthaft zu bekämpfen. Abstinenzkampagnen blieben selten, denn auch die Nachfolger der Zaren hatten erkannt, dass die Einnahmen aus dem Schnapshandel eine nicht zu verachtende Finanzspritze für den Staatshaushalt bedeuteten.

ABSTINENZKAMPAGNE MIT FOLGEN

Erst Michail Gorbatschow unternahm 1985 wieder einen ernsthaften Versuch, die Sowjetbürger vom Wodka zu befreien, weil er eine „Vernichtung des Volkes" fürchtete: Er machte das Nationalgetränk verantwortlich für die Zerstörung von Familien und die immer weiter abnehmende Produktivität in den Betrieben. So versuchte er, die Genossen für Mineralwasser und Saft zu begeistern. Zum Essen sollten die ehemaligen Wodkafreunde ein Glas Wein trinken. Doch die Rechnung ging nicht auf: Das Volk trank weiter – auch wenn es dafür stundenlang anstehen oder selbst gebrannten Fusel

Im Wodka-Museum Smirnoff in Myschkin

trinken musste. Oder noch Schlimmeres. So starben 30 Waldarbeiter nach dem Genuss von Bremsflüssigkeit. Nach wissenschaftlichen Schätzungen fielen in den Jahren 1985 bis 1991 Jahr für Jahr rund 50 000 Menschen den Folgen gepanschten Wodkas zum Opfer. Angeblich war Gorbatschows so wohlgemeinter Kampf gegen den Alkohol sogar mit verantwortlich für den Zusammenbruch der Sowjetunion: Das Wettrüsten mit den USA fraß beträchtliche Teile des Staatshaushalts, der Krieg in Afghanistan riss immer neue Löcher in die Staatskasse und die Reaktorkatastrophe in Tschernobyl verschlang Unsummen. In dieser Situation kam das Ausbleiben der Einnahmen aus dem Wodkahandel, die rund ein Drittel des Haushalts ausmachten, einem finanziellen Todesstoß gleich.

Produktionsbänder mit den typisch dreieckigen Flaschen der Marke Etalon in der Wodka-Brennerei Cristall in Moskau

ÖFFNUNG NACH WESTEN

1992 wurde das staatliche Wodkamonopol unter Jelzin wieder aufgehoben, ebenso das Importverbot für ausländische Spirituosen. In der Folge nutzten Unternehmen aus dem Westen nach dem Fall des Monopols die Gelegenheit, russische Brennereien aufzukaufen oder Joint Ventures einzugehen, sodass bis heute diverse russische Traditionsmarken unter der Ägide westlicher Spirituosenkonzerne hergestellt werden. Außerdem hat sich unter dem Einfluss der westlichen Kultur das Trinkverhalten der Russen geändert: In geselliger Runde gönnt man sich heute auch gerne ein Bier oder ein Glas Wein – ganz so, wie Gorbatschow es sich vor Jahrzehnten schon gewünscht hätte –, und die reiche Oberschicht spricht gerne Spirituosen aus dem Ausland zu, ob es nun Whisky, Gin oder Rum ist.

POLENS WODKAHISTORIE

Während die Geschichte des Wodkas in Russland sehr umfänglich dokumentiert ist, hat man sich in Polen bis dato kaum bemüht, den Anspruch auf die Wodka-Urheberschaft wissenschaftlich zu untermauern. Dennoch lassen sich diverse Fakten über die polnische Wodkaproduktion zusammentragen.

In der polnischen Literatur finden sich zwar Hinweise darauf, dass in Polen schon im 14. Jahrhundert Wodka hergestellt und getrunken wurde – und damit früher als in Russland. Allerdings gibt es dafür keine stichhaltigen Beweise. Umfänglich dokumentiert ist die Branntweinherstellung ab dem 16. Jahrhundert, als der polnische König Jan I. Olbracht seinen Untertanen das Recht auf Destillation und Verkauf von Branntwein einräumte. Offensichtlich nahmen die Polen dieses Angebot gerne an, denn in den Jahren 1564 und 1565

wurden dann auch Steuern auf Destillation, Ausrüstung und Handel mit dem Brand erhoben.

GORZALKA STATT WODKA

Die damals in Polen aus Roggen und anderem Getreide hergestellten Branntweine trugen noch gar nicht den Namen Wodka, sondern nannten sich *gorzałka*. Unter dem Wort Wodka, das damals ebenfalls schon geläufig war, verstand man medizinische Alkoholgemische zur Stärkung und Erfrischung. Sie waren deutlich weniger hochprozentig als Gorzalka, und sie kamen innerlich wie äußerlich zur Anwendung. Ebenfalls unter der Bezeichnung Wodka liefen auf Alkoholbasis hergestellte Duftwässer, wie man sie zum Beispiel nach der Rasur verwendete. Im Laufe der Jahrhunderte allerdings verwässerte der Bedeutungsunterschied zwischen

Gorzalka und Wodka, und im 18. Jahrhunderte verwendete man die Begriffe synonym.

BRANNTWEINPRIVILEG FÜR DEN ADEL

Im späten 16. Jahrhundert etablierte sich Posen als Zentrum der Wodkaherstellung, und 1572 erhielt der Adel das Branntweinprivileg, was sich ähnlich wie später in Russland äußerst positiv auf die Qualität des Wodkas auswirkte, denn viele Gutsherren machten sich mit Hingabe an die Verfeinerung ihrer Wodkarezepte und boten ihre Brände auch zum Verkauf an Bauern und Reisende an. Im 17. Jahrhundert hatten viele Schlösser und Klöster nicht nur ihre eigenen Destillationsapparaturen, sondern exportierten ihren Wodka auch ins Ausland.

Posens Status als „Wodkahauptstadt" festigte sich insbesondere im 18. Jahrhundert. Der polnische Wodka – und die Liebe der Polen zu die-

Hölzerne Lagerfässer für U'Luuka Vodka

sem hochprozentigen Vergnügen – hatte sich inzwischen auch jenseits der polnischen Grenzen herumgesprochen, und der Handel mit Wodka und Likören aus Posen florierte. Über den Ostseehafen Danzig gingen die Brände in das russische St. Petersburg, über den Flussweg gelangten sie nach Breslau und Wien, und auch in Deutschland wusste man die guten Tropfen aus Polen zu schätzen.

STAATEN KOMMEN UND GEHEN – WODKA BLEIBT

Selbst als Polen-Litauen mit den drei Teilungen 1772, 1793 und 1795 seinen Status als eigenständiger Staat verlor und unter den Großmächten Preußen, Russland und Österreich aufgeteilt wurde, tat dies der Wodkaproduktion und dem Konsum keinen Abbruch. Vielmehr wurde die Destil-lationstechnik weiter verbessert, und als Rohstoff für die Brände kamen neben Roggen nun auch zunehmend Kartoffeln oder Zuckerrüben zum Einsatz. Mit dem Ende des Ersten Weltkriegs erlangte Polen seine Unabhängigkeit wieder, und von 1919 bis zum Einmarsch der Deutschen 1939 lagen Alkoholproduktion und -verkauf in den Händen des Staates.

Nach Ende des Zweiten Weltkriegs übernahm im kommunistischen Polen das Polnische Monopol für Branntwein, kurz Polmos, die Branntweinproduktion. Nach dem Zerfall des Ostblocks wurde das Monopol aufgelöst, und die einzelnen Brennereien wurden zu unabhängigen, weitgehend privatisierten Unternehmen, die heute teilweise sehr erfolgreich auf dem internationalen Markt agieren.

Steht für Premium-Qualität aus Polen: U'Luvka Vodka

WODKA IM REST DER WELT

Mögen auch Russland und Polen die Wiege des Wodkas sein – vor allem in Skandinavien kann man ebenfalls auf eine bemerkenswerte Wodkatradition zurückblicken.

Der Stammsitz von Absolut Vodka befindet sich in den historischen Fabrikhallen in Åhus.

SCHWEDEN

In Schweden etwa wurde bereits im 15. Jahrhundert Branntwein destilliert, allerdings aus Wein, was die Spirituose zu einem Luxusgut für privilegierte Bevölkerungsschichten machte. Als man jedoch im 17. Jahrhundert Getreide als Rohstoff zu verwenden begann, etablierten sich die Brände dank immer effizienterer und damit kostengünstigerer Produktionsmethoden rasch als Nationalgetränk. Unter Königin Kristina wurde dann die Branntweinsteuer eingeführt, und gleichzeitig garantierte man Wirten das alleinige Vertriebsrecht von Bier und Branntwein in ihrem unmittelbaren Umfeld. Damit wurden Schnapskneipen zu einem lukrativen Geschäft und schossen wie Pilze aus dem Boden. An Gästen mangelte es auch nicht, und der Alkoholkonsum nahm, wie Zeitzeugen berichten, ein beunruhigendes Ausmaß an.

Im 18. Jahrhundert scheiterten diverse Versuche, die Schnapsbrennerei zu verbieten und die Produktion zu verstaatlichen. Gleichzeitig verbesserten sich die Herstellungsmethoden weiter, und man begann, neben Weizen auch die deutlich günstigere Kartoffel als Rohstoff zu verwenden. Mit den neuen Technologien wurde in Schweden immer mehr Wodka produziert, allerdings von immer weniger Brennereien. Und gezecht wurde weiterhin reichlich. Als Reaktion auf die um sich greifende Trunksucht formierte sich in den 1830er-Jahren die Abstinenzbewegung der Temperenzler, die beständig an politischem Einfluss gewann und 1860 sogar eine Aufhebung des Hausbrennrechts durchsetzte.

Verkauf gesichert hatte. 1905 schließlich schlossen sich die Branntweingesellschaften zu einem Handelsmonopol zusammen, das bis heute existiert und den Einzelhandel mit alkoholischen Getränken über 3,5 Volumenprozent in der Hand hat. 1910 über-

Auch Verkauf und Ausschank alkoholischer Getränke wurden massiv reglementiert. So musste, wer Wodka trinken wollte, ab dem letzten Drittel des 19. Jahrhunderts in ein Restaurant einer sogenannten Branntweingesellschaft gehen, die sich das Exklusivrecht für Ausschank und

nahm der Staat dann die Kontrolle über den gesamten Alkoholhandel, und 1914 wurde die Abgabe rationiert. 1917 ging auch die Branntweinproduktion in Regierungshand über und die schwedische Wein- und Branntweinvereinigung V&S wurde gegründet. Damit wurden Herstellung, Handel und Verkauf endgültig zum staatlichen Monopol, und das Produktionsmonopol des Staates ist nach wie vor in Kraft. Die von V&S betriebenen Brennereien produzieren in erster Linie für das Inland, für den Export von Bedeutung ist lediglich der in Åhus hergestellte Absolut Vodka.

FINNLAND

Dass in Finnland Wodka gebrannt wird, ist vermutlich Söldnern zu verdanken, die von ihren Einsätzen das Wissen um die Wodkaproduktion mit nach Hause brachten. Und dort waren die Voraussetzungen für eine rasche Verbreitung der Wodkaherstellung ausgezeichnet, denn es gab bestes Süßwasser im Überfluss und Getreide reichlich – bis zu einer verheerenden Missernte 1756, mit der das Brennen von Getreideschnaps verboten wurde. Damals befand Finnland sich unter Herrschaft der schwedischen Krone, die das Brennprivileg für sich beanspruchte und zahlreiche Destillerien im Land errichten ließ.

Eine neuerliche Wendung nahm die finnische Wodkageschichte dann in den 1880er-Jahren, als sich in Rajamäki eine Brennerei ansiedelte, die sich bis zur Jahrhundertwende zur größten im Land entwickeln sollte. Mit Ausbruch des Ersten Weltkriegs wurde die Wodkaproduktion dort allerdings eingestellt, und man konzentrierte sich auf die Herstellung von Äther als Narkosemittel. Nach der Verstaatlichung der Brennerei 1920 erfolgte in den 1930er-Jahren eine umfangreiche Erweiterung der Anlage, mit der der Brennereibetrieb wieder aufgenommen wurde. Der Zweite Weltkrieg führte zu einer neuerlichen Einschränkung der

Wodkaproduktion, stattdessen entstanden in Rajamäki Molotowcocktails.

Nach Kriegsende investierte der Staat massiv in die Wodkaproduktion. So entstand eine große Spirituosenfabrik in Rajamäki, und die finnische Brennereitechnologie avancierte zu einer der modernsten der Welt und damit zum Exportschlager. Seit den 1980er-Jahren befindet sich die gesamte finnische Wodkaproduktion in strategisch günstiger Lage am finnischen Getreidegürtel in Koskenkorva, und in Rajamäki, der ältesten Brennerei der westlichen Welt, entstehen Industriealkohol und diverse Spirituosen wie zum Beispiel Gin, außerdem wird dort der in Koskenkorva gebrannte Wodka verdünnt und abgefüllt.

GANZ INTERNATIONAL – DER TREND ZUM CRAFTED VODKA

Neben den großen Destillerien entstehen in jüngerer Zeit vor allem in der westlichen Welt sogenannte Micro-Distilleries, in denen man die Kunst der Wodkaherstellung als Handwerk betreibt und mit Hingabe und Leidenschaft an ausgesprochen gelungenen Wodkakreationen in vergleichsweise geringer Auflage feilt, die sich durchaus mit den großen Marken der Branche messen können. Und bisweilen steckt hinter einer kleinen, feinen Mikrodestillerie auch ein großer Spirituosenkonzern, der das Potenzial dieser weitgehend lokal agierenden Brennereien erkannt hat.

WODKAHERSTELLUNG

Für die Herstellung eines Wodkas benötigt man weniger als eine Handvoll Zutaten, nämlich einen Rohstoff wie Getreide, Kartoffeln, Zuckerrüben oder – wenn auch selten – Melasse, dazu Hefe und Wasser. Entgegen einer bis heute noch weitverbreiteten Meinung ist Wodka traditionell kein Kartoffelschnaps, sondern wurde zunächst aus Getreide und insbesondere dem in Osteuropa reichlich wachsenden Roggen gebrannt. Kartoffeln verwendete man erst später. Besieht man sich die Zutaten, unterscheiden diese sich zunächst nicht wesentlich von dem, was man zur Herstellung eines Whiskys oder – im Falle der Melasse – eines Rums benötigt. Der große Unterschied liegt im Herstellungsprozess: Während große Whiskys oder Rums ihren Charakter vor allem durch den Reifungsprozess im Fass erhalten, liegt das Geheimnis eines guten Wodkas in der Destillation und in der Qualität des Wassers. Doch egal, welchen Rohstoff man auch verwendet, das Ziel des Herstellungsprozesses ist eine Spirituose von fast neutralem Geschmack – wobei das Geheimnis eines

Das Geheimnis eines guten Wodkas liegt in der Destillation und in der Qualität des Wassers.

guten Wodkas in eben diesem „fast" liegt – und das Fehlen von Fuselölen und unerwünschten Aromen.

DIE ZUTATEN

Ob man Wodka aus Getreide, Kartoffeln oder Zuckerrübenmelasse brennt, ist eine Frage von Angebot und Geschmack. Für das Endergebnis entscheidend ist die Sorgfalt bei Auswahl und Reinigung des Wassers.

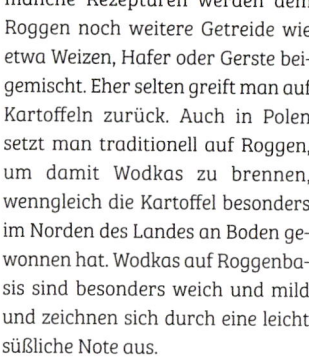

Getreide

In Russland produzierte man Wodka bis ins späte 19. Jahrhundert weitgehend aus dem im Überfluss vorhandenen Roggen, und das ist im Prinzip bis heute so geblieben. Für

Roggen

manche Rezepturen werden dem Roggen noch weitere Getreide wie etwa Weizen, Hafer oder Gerste beigemischt. Eher selten greift man auf Kartoffeln zurück. Auch in Polen setzt man traditionell auf Roggen, um damit Wodkas zu brennen, wenngleich die Kartoffel besonders im Norden des Landes an Boden gewonnen hat. Wodkas auf Roggenbasis sind besonders weich und mild und zeichnen sich durch eine leicht süßliche Note aus.

In anderen Teilen der Welt wird Wodka häufig aus Weizen hergestellt,

Äußerste Sorgfalt auch bei der Auswahl der Zutaten: Qualitätsprüfung von Weizen

Aber auch besondere Getreidesorten – hier Nackthafer – finden Verwendung.

was wohl vor allem daran liegt, dass Weizen deutlich preiswerter als Roggen ist und dazu auch noch problemlos in größeren Mengen verfügbar. Darüber hinaus lässt sich hochwertiger Weizen besser aufspalten, sodass sich die darin enthaltene Stärke leichter in gärfähigen Zucker umwandelt. Diese Qualität ist wiederum maßgeblich für den Erhalt eines besonders reinen und neutralen Brandes, der allerdings in Fachkreisen bisweilen auch als nichtssagend bewertet wird.

Neben Roggen und Weizen wird, vor allem in Finnland, auch Gerste als Rohstoff für die Wodkaherstellung verwendet.

Weizen

Kartoffeln

Kartoffeln gelten unter Kennern vielfach als minderwertiger Rohstoff für die Wodkaproduktion, und insbesondere in Russland genießt der Wodka aus der aus Südamerika stammenden Knolle einen eher schlechten Ruf. Anders beim Nachbarn Ukraine: Dort hat Kartoffelwodka eine lange Tradition.

Kartoffeln

Dass die Kartoffel nicht als Rohstoff Nummer eins für die Branntweinherstellung gilt, mag auch daran liegen, dass sie schlicht weniger ergiebig als Weizen oder Roggen ist. Aus einer Tonne Kartoffeln erhält man rund 30 Prozent weniger Wodka als aus derselben Menge Getreide. Weiterhin wandelt sich die in der Kartoffel enthaltene Stärke beim Einmaischen deutlich schlechter in Zucker um, und bei der Fermentierung entstehen Stoffe, die sich kaum wieder aus dem Alkohol herausdestillieren lassen. Seit allerdings einige renommierte Destillerien auch einen Kartoffelwodka in ihr Portfolio aufgenommen haben, bessert sich der Ruf der nach Meinung auch versierter Wodkatrinker verkannten Spirituose. In der Tat hat sich seit geraumer Zeit einiges getan in Sachen Kartoffelwodka. Die Destillationsverfahren sind deutlich besser als zu früheren Zeiten, und es wurden diverse neue Kartoffelsorten gezüchtet, die sich besser als die gemeine Speisekartoffel für die Branntweinherstellung eignen. Doch ob aus neuen oder alten Sorten produziert – Kartoffelwodka wird auf jeden Fall all jenen schmecken, die eher schwere, herbe Wodkas mit einem süßlichen Unterton schätzen.

Melasse

Dieses Nebenprodukt der Zuckerherstellung steht in dem Ruf, der billigste und qualitativ schlechteste Rohstoff für die Wodkaproduktion zu sein, war allerdings zu Zeiten, als Getreide noch nicht allerorten im Überfluss zu haben war, ein durchaus häufig verwendeter Grundstoff für die Schnapsbrennerei. Melassewodka ist meist im niedrigsten Preissegment zu finden, findet aber mit seinen süßen Noten durchaus auch Anhänger.

Einer der Auslöser des Wodka-Streites: Cîroc wird weder aus Getreide noch aus Kartoffeln gebrannt, sondern aus edlen französischen Rebsorten.

Andere Rohstoffe

Prinzipiell lässt sich aus allen Grundstoffen, die Stärke enthalten, wie etwa Mais oder Reis, aber auch Trauben, Früchtemischungen, Soja, Molke oder Pressresten Wodka brennen. Doch diese innovativen Rohstoffe stießen oder stoßen in der Wodkawelt nicht überall auf Gegenliebe. So entbrannte 2007 in der Europäischen Union eine hitzige Diskussion darüber, welche Brände sich Wodka nennen dürfen und welche nicht. Angezettelt wurde der bisweilen gar als *vodka war* bezeichnete Streit von den traditionellen „Wodkaländern" Finnland, Schweden, Polen und den baltischen Staaten, die ihr – entweder aus Getreide oder Kartoffeln hergestelltes – Nationalgetränk schützen und den neuen Trauben- und Rübenwodkas den Zugang zum ohnehin heiß umkämpften Wodkamarkt verwehren wollten. Alles, was nicht auf der Grundlage von Getreide und Kartoffeln hergestellt werde, dürfe sich nicht Wodka nennen, so die von ihnen vertretene Meinung. Gegen diesen Standpunkt der Wodka-Puristen argumentierten Vertreter aus Ländern wie Frankreich und Deutschland, wo man sich bei der Wahl der Rohstoffe

für den Brand deutlich experimentierfreudiger zeigt, dass Wodka sich nicht über die Zutaten definiere wie etwa der Tequila, der nur aus Agaven gemacht wird, sondern ausschließlich über das Herstellungsverfahren, das eben zu einem besonders reinen und neutralen Brand führe.

Der Streit endete schließlich mit einem Kompromiss: Von einem strikten Reinheitsgebot, wie es etwa für deutsches Bier herrscht, sah das Europäische Parlament ab. Man einigte sich darauf, dass alle Brände, die nach der traditionellen Wodkamethode hergestellt werden, sich Wodka nennen dürfen, allerdings müssen Hersteller, die einen anderen Rohstoff als Getreide oder Kartoffeln verwenden, dies ausdrücklich auf dem Etikett vermerken.

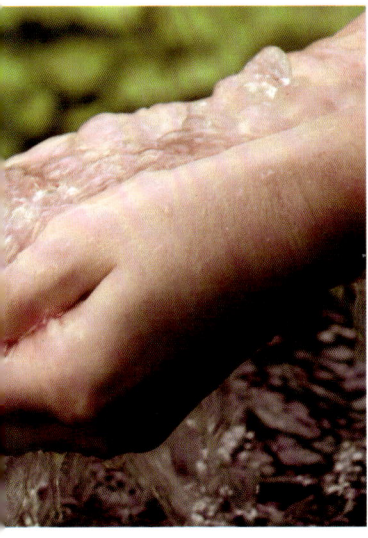

Ein Grund für diesen recht liberalen Kompromiss war wohl seinerzeit auch die Drohung der USA, wo Wodka vor allem aus Zuckerrohr hergestellt

wird, im Falle einer rigideren Regelung eine Klage bei der Welthandelsorganisation anzustrengen. Richtig zufrieden waren die Streitgegner mit dieser Lösung zunächst nicht: Die Puristen bemängelten, das Etikett beachte doch eigentlich niemand genau, die Erneuerer sahen im Aufdruck einen Wettbewerbsnachteil. Doch wie dem auch sei – inzwischen hat wohl nahezu jeder im Wachstumsmarkt Wodka seine Nische gefunden.

Wasser – die Seele des Wodkas

Mit einer Flasche Wodka verhält es sich ganz ähnlich wie mit dem menschlichen Körper: Sie besteht zu 60 Prozent aus Wasser. Und da bei der Wodkaherstellung im Brennvorgang ein möglichst reines, neutrales Destillat ohne Fremdaromen angestrebt wird, spielt der Grundstoff Wasser für den Charakter eines Wodkas natürlich eine – wenn nicht *die* – entscheidende Rolle. Kein Wunder also, dass nahezu alle Traditions- und Edelbrennereien damit werben, ihre Wodkas mit extra weichem Wasser aus einem eigenen Brunnen zu produzieren. Und nicht wenige vertreiben dieses Wasser auch ohne Wodka als exklusives stilles Mineralwasser.

Allerdings wird das Wasser nicht einfach aus dem Brunnen gepumpt und dann dem Wodka beigemischt, sondern es durchläuft erst noch einen komplexen Reinigungs- und Filtrationsprozess, bei dem ihm möglichst alle für einen hohen Härtegrad verantwortlichen Teilchen, namentlich die Kalziumionen, entzogen werden. Angestrebt wird dabei ein unter 4 Milligramm liegender Anteil an gelösten Mineralen pro Liter Wasser, das damit ebenso rein ist wie destilliertes Wasser. Gibt man einem Wodka ungereinigtes Wasser bei, wie es früher durchaus üblich war, verliert er seine Geschmeidigkeit, und auch sein Aroma wird beeinträchtigt.

HERSTELLUNGSPROZESS

Das Verfahren, mit dem aus den aufgeführten Grundzutaten Wodka wird, unterscheidet sich zunächst nicht grundlegend von dem für andere Spirituosen. Es beginnt mit dem Herstellen der sogenannten Würze aus dem gewählten Grundstoff, dann folgt die Gärung der Würze und schließlich die Destillation der bei der Fermentation entstehenden Maische, allerdings bedient man sich dabei, von wenigen Ausnahmen abgesehen, nicht traditioneller Brennblasen, sondern verwendet das deutlich effizientere Verfahren der kontinuierlichen Destillation. In Anschluss wird der Wodka auf Trinkstärke – üblicherweise 40 oder 37,5 Volumenprozent – gebracht und gefiltert und gereinigt, um auch noch die letzten unerwünschten Stoffe und Aromen zu entfernen, und schließlich abgefüllt.

Zerkochen des Grundstoffes und Fermentation

Im ersten Arbeitsschritt wird der Rohstoff für den Wodka zerkleinert, denn je höher der Grad der Zerkleinerung, desto wirksamer ist der anschließende Kochprozess. Dazu wird das Getreide nach Entfernung von Unkrautresten und etwaigen anderen Fremdkörpern auf eine Teilchengröße von weniger als 3 Millimetern Durchmesser gequetscht. Die Kar-

toffeln werden nach dem Waschen auf eine Teilchengröße von ebenfalls 3 Millimetern zerkleinert. Danach wird der Brei mit Wasser versetzt und langsam erhitzt, sodass sich die in Getreide oder Kartoffeln enthaltene Stärke in Zucker umwandelt. Eine vollständige Auflösung der Stärke wird bei Temperaturen von 150–160 °C erreicht. Auf diese Weise entsteht die sogenannte Würze, eine dicke, süßliche Flüssigkeit.

Die Würze wandert anschließend in große, geschlossene Tanks, wo sie unter Zugabe von Hefe bei einer konstant zwischen 25 und 30 °C liegenden Temperatur durchschnittlich drei Tag lang vergoren wird. Auf diese

Ein Blick über die Produktionsanlagen der Absolut-Brennerei in Nöbbelöu

Weise entsteht die Maische, eine dickflüssige Masse mit einem Alkoholgehalt von rund 6–10 Volumenprozent.

Die Destillation

Wodka wird nicht mit der traditionellen Pot-Still-Methode in einer Brennblase destilliert, sondern in einem im 19. Jahrhundert erfundenen und seitdem immer weiter verfeinerten kontinuierlichen Verfahren, das zum einen für einen sehr reinen Alkohol als Endprodukt sorgt und zum anderen sehr effizient ist, da es die Maische in einem einzigen Durchgang in ihre verschiedenen Bestandteile, nämlich Wasser und die diver-

Ständige Kontrollen – wie hier in der Brennerei von U'Luvka Vodka – erhalten die hohe Qualität.

sen Alkohole mit unterschiedlichen Siedetemperaturen, zerlegt.

Benutzt wird dazu eine aus zwei horizontal in Segmente geteilten Säulen – dem Analysierer und dem Rektifizierer – bestehende Apparatur: Im Analysierer wird der Rohalkohol destilliert. Dazu wird die Säule von unten mit heißem Dampf beschickt, sodass sie sich nebst den Böden der einzelnen Segmente aufheizt. Gleichzeitig wird von oben die Maische in die Säule gegeben und auf ihrem Weg nach unten durch den aufsteigenden Wasserdampf sowie die erhitzten Segmentböden erwärmt. Auf diese Weise verdampft der darin enthaltene Alkohol und kann abgezogen werden, um unmittelbar in die Rektifizierkolonne geleitet zu werden, wo er von den noch verbleibenden unerwünschten Substanzen – und das sind nicht wenige – gereinigt wird.

Der Rektifizierer kann in bis zu 40 Segmente aufgeteilt sein, die durch gelöcherte Scheiben voneinander getrennt sind. Außerdem verläuft durch die Säule eine spiralig gewundene Röhre, durch die die kalte Maische in den Analysierer geleitet wird.

Ein Blick auf die Destillationsanlagen der kleinen, familiengeführten Brennerei Z. Koziuba and Sons in Nidgica in Polen

Diese Röhre ist zunächst kalt, wird aber nach und nach von dem in den Analysierer geleiteten Wasserdampf erhitzt. Indessen steigen die heißen Alkoholdämpfe im Rektifizierer auf. Während der darin noch enthaltene Wasserdampf an den Säulenwänden kondensiert und nach unten abfließt, verflüssigt sich weiter oben dann auch der Alkohol und wird mithilfe einer Auffangplatte just dort vom Destillateur abgenommen, wo der für die Wodkaherstellung optimale Alkohol, im Fachjargon mittlere Fraktion genannt, kondensiert. Die leicht flüchtigen Stoffe, auch als erste Fraktion oder Vorlauf bezeichnet, die noch viele Verunreinigung enthalten und daher als minderwertig gelten, entweichen derweil nach oben, während der Nachlauf oder die letzte Fraktion aus schwer flüchtigen Stoffen sich am Boden des Rektifizierers sammelt und dort ebenso wie der kondensierte Wasserdampf entnommen werden kann.

Der Absolut Elyx wird in einer vollständig aus Kupfer bestehenden Rektifikationsanlage aus dem Jahr 1921 gebrannt und ist das Produkt reiner Handarbeit. Die Vorzüge dieser Apparatur liegen darin, dass das Metall die Zersetzung unangenehmer Schwefelverbindungen wie Schwefelwasserstoff erheblich beschleunigt und damit zur Reinheit des Brandes beiträgt.

Doch ungeachtet inzwischen hochgradig ausgereifter Destillationsverfahren hat dieser Arbeitsschritt seine Tücken. Wird etwa die Maische vor Abschluss des Gärungsprozesses eingefüllt, verbrennt der darin verbliebene Zucker, und es entsteht Diacetyl, das dafür sorgt, dass das Rohdestillat nach Karamell riecht. Dieser Fehler kann auch bei der anschlie-ßenden Rektifikation kaum noch korrigiert werden. Riecht das Rohdestillat unangenehm nach Fleisch, liegt das an den Benzpyrenen, die entstehen, wenn Hefe verbrennt. Verläuft der Prozess der Rektifikation zu schnell, können nicht alle unerwünschten Substanzen im Rohdestillat abgeschieden werden. Und das hinterlässt unschöne Spuren: Verbleibt Pentanol, riecht der Wodka nach Nagellack, der Duft von Dimethylthiazolen erinnert an Kohl. Fuselöle, jene schwer flüchtigen Stoffe, die erst bei hohen Temperaturen zu Dampf werden, machen einen Wodka in geringen Mengen zwar weich, schmecken jedoch in zu hoher Dosis ölig und schwer. Wer herausfinden will, ob der Wodka aus den eigenen Vorräten mit derlei Fehlern behaftet ist, nimmt die Flasche aus dem Eisfach. Hat der Brand Zimmertemperatur, mischt man einen Teil Wodka mit zwei Teilen reinem, stillem Mineralwasser in einem Weinglas, schwenkt das Ganze und riecht daran: Hat Ihr Hauswodka einen Fehler, riechen Sie das sofort.

Filtration

Dieser letzte Schritt vor der Abfüllung trägt ebenfalls nicht unerheblich zum typischen Charakter des Wodkas bei. Bei der Filtration werden die letzten noch unerwünschten Aromastoffe entfernt, sodass am Ende nicht mehr als 30 Milligramm Fremdstoffe pro Liter übrig bleiben. Zum Vergleich: Whisky oder Cognac enthalten im Allgemeinen 2600 Milligramm.

Filtermethoden gibt es allerlei. In ganz frühen Zeiten stellte man den Wodka einfach in die Kälte, sodass sich die Fremdstoffe am Boden absetzten und man die gereinigte Flüssigkeit oben abschöpfen konnte. Später verwendete man Eiweiß oder Milch als Gerinnungsmittel zum Binden der unerwünschten Fremdstoffe, oder man filterte den Wodka durch Materialien wie Sand, Keramikscherben oder Filz. Heute erfolgt die Filtration meist durch Holzkohle, bevorzugt aus hartem Holz wie Eiche oder Buche, in Russland traditionell aus Birke. Diese Holzkohle wird als Granulat in säulenförmige Filter gefüllt, wobei die Teilchengröße von unten nach oben abnimmt. Um zu verhindern, dass der Wodka den Weg des geringsten Widerstands nimmt und zwischen den Granulatkugeln hindurchläuft, pumpt man ihn von unten nach oben durch die Filter. Im Idealfall ist das Ergebnis dann ein kristallklarer Wodka, der kaum noch Fremdstoffe enthält. Vor dem Abfüllen werden schließlich in einem letzten Filtervorgang via Membranfilter oder Papier, die auch allerkleinste Teilchen herausfiltern, die noch verbleibenden Schwebstoffe entfernt.

AROMATISIERTER WODKA

Wenngleich aromatisierte Wodkas aktuell dazu beigetragen, dem Wodka ein jugendliches und partytaugliches Image zu verleihen, hat diese Form der geschmacklichen Verfeinerung bereits eine jahrhundertealte Tradition, deren Ursprünge vor allem in Russland und Polen liegen. Dort entwickelte der Landadel nach Erhalt des Branntweinprivilegs mit großem Ehrgeiz und viel Hingabe immer raffiniertere parfümierte Wodkas: Die dazu benötigten Beeren und Früchte gab es auf ihren Besitzungen meist in Hülle und Fülle, und sie verfügten über die nötigen finanziellen Mittel, feine Gewürze aus aller Herren Länder zu kaufen. Die Rezepturen waren meist streng gehütetes Familiengeheimnis und wurden von Generation zu Generation weitergegeben.

Mit attraktiv gestalteten Etiketten präsentieren sich die aromatisierten Wodkas der niederländischen Marke Van Gogh.

Heute wird natürlich industriell und in großem Stil aromatisiert, doch die Rezepturen sind noch genauso geheim wie damals. Sicher ist aber, dass die aromatisierenden Zutaten sorgfältig aufbereitet werden müssen, da Früchte neben den gewünschten Substanzen auch Aromen enthalten, die den Wodka verunreinigen würden. Daher kommen bei der Aromatisierung meist Essenzen, Konzentrate oder Öle zum Einsatz, die nach der Destillation zugesetzt werden.

WODKASTILE

Ungeachtet des grundsätzlichen Strebens nach Neutralität und weitgehend identischer Herstellungsverfahren entstehen in den unterschiedlichen Wodkaregionen Wodkas recht unterschiedlichen Stils. Im Wesentlichen kann man zwischen Wodka aus Polen, Russland und dem Westen unterscheiden, wobei Nuancierungen und Überschneidungen natürlich durchaus möglich sind.

Wodkas aus dem Westen zeichnen sich dank ausgefeilter Destillations- und Rektifikationstechnologien durch

ihre große Reinheit und geschmackliche Neutralität aus, da der Anteil der darin enthaltenen Aromastoffe verschwindend gering ist. Etwas anders sieht es bei polnischem Wodka aus, ihrer Produkte, die besonders in den hohen Qualitätsstufen mit ihrer Weichheit und einer dezenten Süße den Roggen spüren lassen, aus dem sie gebrannt wurden, erklären sie als typischen Charakter. Den Einwand, dass dies in einem höheren Anteil an Aromastoffen begründet sein könnte, weisen sie selbstverständlich von der Hand.

wenngleich die Produzenten natürlich ebenfalls den Anspruch erheben, Wodkas von höchster Reinheit zu erzeugen. Den intensiveren Geschmack

Ebenfalls einen typischen Geschmack haben Wodkas aus Russland: Sie zeichnen sich durch eine gewisse Schärfe und einen intensiven Geschmack aus, ihnen fehlt allerdings die süße Komponente polnischer Wodkas. Handelt es sich um einen qualitativ hochwertigen Brand, darf man mit einem milden Geschmackserlebnis und einem leichten Brennen im Mund rechnen. Diese Eigenschaften sind auf die in geringen Mengen vorhandenen Fuselöle zurückzuführen, die ihre negativen Seiten erst in höheren Dosierungen entfalten.

WODKAGENUSS

Während Wodka in unseren Breitengeraden bis dato noch eher als Party- und Clubgetränk gilt, ist er in den Ländern des Wodkagürtels und insbesondere in Osteuropa fester Bestandteil des gesellschaftlichen Lebens. Dort trinkt man Wodka gerne auch zum Essen oder in geselliger Runde. Dass man das Glas in Russland eher in einem Zug leert, ist der früheren Überzeugung geschuldet, dass man eher von den Wodkadämpfen als vom Getränk selbst trunken werde. Da lag es natürlich nahe, das Glas möglichst rasch zur Neige zu trinken, damit der Abend noch möglichst lange dauern möge. Will man allerdings seinen Wodka wirklich schmecken, sollte man ihn schluckweise genießen. Ob gekühlt oder ungekühlt, ist eine Frage der Qualität: Trinkt man ihn kalt, treten seine prägnanten Eigenschaften in den Vordergrund, und dezentere Noten werden abgeschwächt – auf diese

Wodka und traditionelle Häppchen auf einem gedeckten Tisch in St. Petersburg

Die moderne Party- und Clubkultur zelebriert den Wodkakonsum – wie hier bei den Absolut Nights in Berlin – in ganz neuen Dimensionen.

Weise nähert man sich also eher durchschnittlichen Wodkas ohne spezielle Finesse. Komplexeren Bränden tut man damit keinen Gefallen, denn sie laufen Gefahr, ihren Charakter in der Kälte zu verlieren. Sie entfalten sich am besten bei Zimmertemperatur.

In Polen und Russland ist es überdies üblich, dass der Gastgeber einer geselligen Runde ansagt, wie der nächste Wodka getrunken werden soll. Wenn er sein Glas erhebt, verkündet er entweder, dass *do dna* – bis zum Boden – zu trinken ist oder auch nur *tschut, tschut*, nämlich ein bisschen. Zum Wodka wird in Russland überdies auch häufig ein Glas Wasser oder Fruchtsaft serviert, und, gemäß dem Sprichwort „Bier ohne Wodka ist hinausgeworfenes Geld", auch mal ein Bier.

Da Wodka einen sehr neutralen Geschmack hat, ist er während des Genusses sehr bekömmlich und steht in dem Ruf, dank seiner Reinheit keinen Kater zu verursachen.

Dabei sollte man jedoch nicht vergessen, dass man es bei aller Bekömmlichkeit mit einer hochprozentigen Spirituose zu tun hat, für die es eine anständige Grundlage braucht. In Osteuropa hat man das schon lange erkannt und serviert in fröhlicher Wodkarunde stets auch eine Auswahl an traditionellen Häppchen, sogenannten *sakuski* (in Russland) oder *zakąski* (in Polen). Besonders beliebt sind Blinis mit Kaviar, Lachs oder Salzhering und Sauerrahm, und zum Standardrepertoire gehören pikante Wurstwaren und Aufschnitt, eingelegte Gurken und Pilze, Salate auf Mayonnaisebasis und Roggenbrot.

Weder Kater noch Fahne mit Wodka?

Wodka steht in dem Ruf, weder Kater noch Fahne zu verursachen. Ganz stimmt das zwar nicht, doch etwas Wahres ist dran an diesem Glauben. Das, was man gemeinhin als Fahne bezeichnet, ist kaum dem reinen Alkohol geschuldet, sondern vielmehr den darin enthaltenen Fremdstoffen oder deren Abbauprodukten am nächsten Tag. Ähnliches gilt für den Kater. Und da Wodka ein ausgesprochen reines Getränk mit einem verschwindend geringen Anteil an Aromastoffen ist, geht es einem nach einer durchzechten Wodkanacht am nächsten Tag meist deutlich besser als etwa nach ausschweifendem Rum-, Whisky- oder Cognacgenuss. Und man riecht auch besser. Aber Vorsicht: Die Polizei kann man nicht täuschen, indem man sich strikt an Wodka hält, bevor man sich wieder hinters Steuer wagt: Den Alkohol im Atem riecht man nämlich sehr wohl, auch wenn er den Beamten weniger unangenehm vorkommen mag als eine Bierfahne. Und dass man nach dem einen oder anderen Gläschen Wodka den Wagen lieber stehenlässt, versteht sich eigentlich sowieso von selbst.

Werbeplakat auf der Ausstellung „Die Kraft des Wassers" in St. Petersburg im Jahr 2008

Wodka-Porträts

ABSOLUT VODKA

PERNOD RICARD · THE ABSOLUT COMPANY
ÅHUS, SCHWEDEN

Ihren Namen verdankt diese heute global agierende Wodkamarke, die neben ihrem Standardbrand unter anderem über ein umfangreiches Portfolio aromatisierter Wodkas verfügt, einer Geschäftsidee des Unternehmensgründers Lars Olsson Smith, der gegen Ende des 19. Jahrhunderts weitsichtig erkannte, dass der schwedische Wodkamarkt unbedingt einen neuen, extrem reinen Wodka benötigte. Andere Wodkapro-

duzenten gaben seinerzeit noch Gewürze und Aromen in ihre Brände, um Unreinheiten zu überdecken. Diese galten teilweise sogar als gesundheitsschädlich. Darum ging Smith neue Wege: Er führte die kontinuierliche Destillation in Schweden ein, die es ermöglichte, einen sehr reinen Wodka zu destillieren, ohne dass die Charakteristika der verwendeten Rohstoffe verloren gingen. Das Ergebnis seiner Initiative

war *absolut rent brännvin* – absolut reiner Wodka –, der mit seinem weichen, reinen Geschmack schon bald nach seiner Markteinführung 1879 zahlreiche Anhänger fand.

1917 sollte aus dem von Smith gegründeten Unternehmen das staatliche schwedische Branntweinmonopol Vin & Sprit, kurz V&S, hervorgehen, das sich zahlreiche weitere bekannte Wodkamarken einverleibte. Der Absolut Vodka, wie man ihn heute kennt, kam 1979 – und damit genau 100 Jahre nach seiner Erfindung – auf den Markt. Seitdem hat sich der Brand in der charakteristischen Flasche, die an schwedische Apotheken-Flaschen erinnern soll, zu einer der erfolgreichsten internationalen Wodkamarken entwickelt.

Der nächste bedeutende Einschnitt in der Markengeschichte war 2008, als der schwedische Staat das Branntweinmonopol V&S verkaufte und Absolut in das Portfolio des französischen Getränkekonzerns Pernod Ricard überging. Dank der regional orientierten Strategie der Gruppe blieben Verwaltung und Produktion des Unternehmens, das als The Absolute Company am Markt agiert, aber weiter am ursprünglichen Standort in Åhus. Für Aufmerksamkeit sorgt Absolut immer wieder mit seinen in limitierter Auflage erscheinenden Designflaschen, die von internationalen Künstlern gestaltet werden und als Sammelobjekte gelten. In den Flaschen befindet sich meist allerdings nichts anderes als der Standardbrand der Marke.

Als Flaggschiff der Absolut-Familie zeichnet sich der Absolut Vodka Blue, der mit Wasser aus der hauseigenen Quelle und Winterweizen aus dem Süden Schwedens hergestellt wird, durch seine Milde und Reinheit aus, was ihn zu einer ausgesprochen beliebten Cocktail- und Longdrinkbasis macht.

Besonders bemerkenswert in der Absolut-Produktfamilie ist ein seit 2011 auf dem Markt befindliches Familienmitglied – seit 2013 in überarbeiteter Version –, mit dem sich das Unternehmen einen Platz in der Kategorie der Edel-Wodkas gesichert hat: der Absolut Elyx.

gen wie Schwefelwasserstoff erheblich beschleunigt und damit zur Reinheit des Brandes beiträgt. Basis für den Ausnahmewodka ist ausschließlich Weizen von den Feldern von Schloss Råbelöf, wo das Getreide bereits seit dem 14. Jahrhundert angebaut wird.

ABSOLUT.®

Nicht nur die Flasche sieht anders aus als von Absolut gewohnt, sondern auch für den Inhalt beschreiten die Schweden neue Wege. Der Elyx ist Produkt reiner Handarbeit, gebrannt wird er in einer vollständig aus Kupfer bestehenden Rektifikationsanlage aus dem Jahr 1921, auf die auch das kupferfarbene Flaschenetikett verweist. Die Vorzüge dieser Apparatur liegen darin, dass das Metall die Zersetzung unangenehmer Schwefelverbindun-

Wer sich einen Elyx gönnt, darf mit einem weichen, milden Brand ohne unangenehme Alkoholnoten rechnen. Die Nase kitzelt er mit einem leichten Vanillearoma, das sich auch im Geschmack wiederfindet und im Abgang fortsetzt, dort allerdings begleitet von einer recht lang anhaltenden, angenehm herben Note.

ADLER BERLIN WODKA

PREUSSISCHE SPIRITUOSEN MANUFAKTUR
BERLIN, DEUTSCHLAND

Sitz der Preussischen Spirituosen Manufaktur ist der Berliner Wedding. Hier werden bereits seit 1874 Verfahren und Rezepturen für die Spirituosenherstellung entwickelt und verfeinert, und um 1900 stand die Branntwein- und Likörproduktion in voller Blüte. Dann aber führten die beiden Weltkriege und wirtschaftliche Schwierigkeiten zur Schließung des Betriebs, und die Brennerei fristete trotz eines Neuanfangs in den 1950er-Jahren eher ein Schattendasein.

Dass dort inzwischen der Glanz vergangener Zeiten wieder Einzug gehalten hat, ist vor allem dem Mikrobiologen Dr. Ulf Stahl und dem Dipl.-Hotelier und Barmann Gerald Schroff zu verdanken, die das Schicksal 2005 bei einem Skiunfall zusammenführte. Schon bald stellten die beiden fest, dass sie ihre Leidenschaft für edle Spirituosen teilten, und es dauerte nicht lange, bis Gastrofachmann Schroff den Biologen

Stahl in der Destillerie des Berliner Instituts für Gärungsgewerbe und Biotechnologie besuchte, deren Geschicke dieser seinerzeit als wissenschaftlicher Leiter lenkte. Nach einer folgenschweren Degustation reifte der Entschluss, die edlen Brände der Destillerie auch wieder einer breiten Öffentlichkeit zugänglich zu machen.

Nachdem Herstellung und Vertrieb gesichert waren, übernahmen Stahl und Schroff die Brennerei im Juli 2009 vollständig, und sie erhielt ihren alten Namen zurück. Heute entstehen in der Preussischen Spirituosen Manufaktur rund 30 verschiedene Liköre und Brände. Einer davon ist der aus reinem Weizen hergestellte Adler Berlin Wodka, der seine außergewöhnliche Milde und seinen ausgewogen fruchtigen Körper einem aufwendigen Produktionsverfahren in Kombination mit einem speziellen Filtrationsprozess sowie der anschließenden Lagerung in Steingutgefäßen verdankt.

ALPHA NOBLE

ALPHA NOBLE SARL
FOUGEROLLES, FRANKREICH

Im Fall dieses hochdekorierten Brandes aus Frankreich ist der Name tatsächlich Programm, und er ist nicht umsonst seit Jahren eine feste Größe im Bereich der Premium-Wodkas. Gebrannt wird der Alpha Noble in dem 4000 Einwohner zählenden Örtchen Fougerolles in den französischen Südvogesen, wo er aus besten Rohstoffen – extrem weicher Weizen aus französischem Anbau und Wasser aus einer berühmten Quelle in den Vogesen – hergestellt wird. Was ihn aber besonders auszeichnet, ist die sechsfache Destillation im kontinuierlichen Brennverfahren, der noch ein weiterer Brenngang in kleinen Pot Stills nachfolgt. Dies und die abschließende Kältefiltration bei unter 0 °C garantieren die außergewöhnliche Reinheit dieses Wodkas.

In der Brennerei, in der der Alpha Noble in kleinen Chargen entsteht,

wird bereits seit 1860 Wodka destilliert, und aus dieser Zeit datieren auch die Grundlagen der eigens für den Alpha Noble entwickelten „Alpha Ennobling Method". Seitdem hat man sich stets aufgeschlossen für Neuerungen gezeigt und auf eine kontinuierliche Optimierung von Technik und Rezeptur gesetzt. Und das Ergebnis spricht für sich.

Der Edel-Wodka, der sich auch in seinem eleganten Erscheinungsbild nahtlos in die kulinarischen Traditionen der Grande Nation fügt, überzeugt mit einer reinen, klaren Nase mit dezenten Vanillenoten. Am Gaumen ist er erfreulich mild und sanft, im Finish harmonisch und strukturiert. Diese Eigenschaften machen den Alpha Noble zu einem Wodka, der sowohl pur schmeckt als auch eine ausgezeichnete Cocktailbasis bildet.

BAVARKA

DESTILLERIE LANTENHAMMER
HAUSHAM BEIM SCHLIERSEE, DEUTSCHLAND

Die oberbayerische Destillerie Lantenhammer kann inzwischen auf eine beinahe 90-jährige Geschichte zurückblicken. 1928 gründeten Amalie und Josef Lantenhammer ihre eigene Enzianbrennerei, die allerdings zu Beginn des Zweiten Weltkriegs ihre Pforten schließen musste. Das jedoch bedeutete nicht das Aus für den Familienbetrieb: 1948 legte Josef Lantenhammer nach der Währungsreform mit 40 Mark den Grundstein für den heutigen Erfolg der Destillerie, die über die bayerischen Grenzen hinweg vor allem für ihre hochwertigen Obstbrände bekannt ist. Heute wird der Betrieb bereits in dritter Generation durch die Familie geführt, und das mit ebenso viel Traditionsbewusstsein wie Innovationswillen. Zu nennen sind in diesem Kontext etwa die unfiltrierten Edelbrände vom Schliersee und nicht zuletzt der erste bayerische Wodka Bavarka, der es ungeachtet seiner noch jungen Geschichte – er wird seit 2012 hergestellt – durchaus mit den Traditionswodkas aus östlicheren und nördlicheren Gefilden aufnehmen kann.

Basis für den Wodka vom Schliersee, dessen bayerische Herkunft schon in der blauweißen Flasche anklingt, bilden 100 Prozent deutsche Kartoffeln, dazu kommt das klare Wasser der Bannholzquelle, die am Spitzingsee entspringt. Die außergewöhnliche Reinheit des Wodkas ist nicht nur diesen hochwertigen Zutaten zu verdanken, sondern auch der langsamen, siebenfachen Destillation sowie seiner halbjährigen Lagerung in Steingutgefäßen. Abgefüllt wird der edle Brand mit ungewöhnlichen 43 Volumenprozent Alkohol, was ihn in Kombination mit seinen ausgeprägten Aromen, die dem hohen Stärkegehalt der Kartoffeln geschuldet ist, zu einem sehr bemerkenswerten Wodka macht.

BELUGA NOBLE

SYNERGY GROUP · MARIINSKY-DESTILLERIE
SIBIRIEN, RUSSLAND

Heimat des Beluga Noble ist die 1900 gegründete Mariinsky-Destillerie, die an mehreren Standorten in einem mehr oder weniger unberührten Stück Natur im Herzen Sibiriens liegt. Heute wird dort mit modernsten Technologien produziert, und Qualitätssicherung ist eine Selbstverständlichkeit.

Geburtsjahr des Premium-Wodkas, der sich auf ganzer Linie in die klassische russische Wodkatradition einfügt, war 2002. Wie auch die übrigen Produkte der Beluga-Familie wird der Noble in Handarbeit produziert. Grundlage für den Brand ist in der unmittelbaren Umgebung angebaute Gerste, die – und das macht eines der Geheimnisse von Beluga Noble aus – vor der weiteren Verarbeitung gemälzt wird. Dieses Verfahren wird heute in der Wodkaproduktion kaum noch angewendet, weil es als zu kosten- und arbeitsintensiv gilt. Das Wasser für die Herstellung des Brandes stammt aus artesischen Quellen aus

der Region und trägt mit seinen besonderen Qualitäten ebenfalls zum abgerundeten Geschmack des Endprodukts bei. Auf Trinkstärke gebracht, wird der Wodka in einem aufwendigen System dreifach gefiltert. Damit ist der Beluga Noble allerdings noch nicht fertig, denn nun folgt noch ein in der Welt des Wodkas ganz und gar ungewöhnlicher Arbeitsschritt: Den Abschluss des Produktionsprozesses bildet eine Reifephase, die einen Monat dauert, für den exklusiven Beluga Gold Line sogar drei Monate.

Auf diesem Wege entsteht ein Wodka, der nach Meinung vieler zu den besten der Welt gehört. Sein angenehmer, leicht würziger Geschmack wird abgerundet von leicht blumigen Zitrusnoten. Seine ganze Komplexität entfaltet er, wenn man ihn pur auf Raumtemperatur oder auch gekühlt genießt, doch auch Cocktails und Longdrinks veredelt er mit seinem einzigartigen Aroma.

BELVEDERE VODKA

LVMH MOËT HENNESSY – LOUIS VUITTON S.A.
POLMOS ŻYRARDÓW-DESTILLERIE
ŻYRARDÓW, POLEN

Hergestellt wird dieser hochwertige Wodka in dem kleinen Städtchen Żyrardów in der Polmos-Destillerie Żyrardów, die zu sozialistischen Zeiten Teil des staatlichen Brennereinetzes war und nach dem Fall des Eisernen Vorhangs privatisiert wurde. Benannt ist er nach dem Warschauer Belvedere, einem klassizistischen Palast im Westen der Stadt, der auch auf dem Flaschenetikett zu sehen ist. Lange wurde der edle Brand, dessen Markteinführung 1993 erfolgte, ausschließlich für den Export in die USA produziert, doch seit geraumer Zeit ist er auch auf dem europäischen Markt präsent.

Grundstoff für den Wodka ist bester polnischer Dankowskie-Gold-Roggen aus der Region Masowien, der wesentlich weicher und süßer als andere Getreidesorten ist. Das Wasser für seine Herstellung stammt ausschließlich aus destillerieeigenen Quellen und unterstreicht dezent die delikaten Roggennoten des Wodkas, der seine besondere Reinheit außerdem einer vierfachen Destillation verdankt. Abgefüllt wird er mit den üblichen 40 Volumenprozent. Auf diese Weise entsteht ein ausgesprochen milder, runder Brand, der in der Nase mit Vanillenoten und Cremenuancen gefällt und geschmacklich mit seiner leichten, samtigen Textur begeistert, auch die Vanille ist hier noch mit von der Partie, außerdem ein Hauch weißer Pfeffer und Gewürze. Dazu gesellen sich Mandel und Paranuss. Im Abgang klingt der Roggen an, dazu wieder Vanille und gebrannte Nüsse.

Neben dem Standardbrand umfasst die Belvedere-Range mit dem Citrus und Pink Grapefruit Vodka noch zwei aromatisierte Varianten sowie einen ungefilterten Wodka, der mit seinen Roggenaromen besonders Whiskytrinkern gefällt.

BIAŁA DAMA

DESTYLARNIA SOBIESKI S.A.
STAROGARD GDAŃSKI, POLEN

Ganz neu erfunden hat sich 2015 der polnische Traditionswodka Biała Dama, und das nicht nur äußerlich, sondern auch im Geschmack.

Mit dem auf die „Roaring Twenties" verweisenden Flaschendesign sucht man sich im Segment der Premium-Wodkas zu etablieren und die „Weiße Dame" – nichts anderes nämlich bedeutet Biała Dama auf Deutsch – als elegantes Lifestyle-Produkt auch auf ausländischen Märkten zu positionieren.

Produziert wird die rundumerneuerte Spirituose in der Sobieski-Destillerie in Starogard Gdański, wo man sich bereits seit 1846 auf die Herstellung hochwertiger Brände versteht. Als Rohstoff für den Edel-Wodka dient ausschließlich polnischer Weizen der besten Sorten, für seine Qualität bürgen, so der Hersteller, außerdem die Spitzentechnologien, die bei der mehrfachen Destillation des Brandes zum Einsatz kommen und Sobieski zu einer der modernsten Produktionsstätten für Wodka in Polen machen. Seine besondere Reinheit schließlich verdankt der Biała Dama dem exklusiven Verfahren der Diamant-Filtration.

So landet mit dem Wodka nicht nur ein sehr milder und eleganter Brand im Glas, sondern das ganze Lebensgefühl der 1920er-Jahre und damit jener Epoche, in der man sich nach den niederdrückenden Jahren des Ersten Weltkriegs kopfüber ins Vergnügen stürzte, Art déco, Vaudeville und Jazz die Kultur beherrschten und die Frauen sich nicht nur in modischen Fragen emanzipierten.

BLAVOD

BLAVOD DRINKS LTD.
LONDON, GROSSBRITANNIEN

Das Geheimnis dieses Wodkas liegt vor allem in seiner Farbe: Wer sich nichts ahnend einen Blavod einschenkt, wird überrascht sein, denn im Glas schimmert es nicht vertraut kristallklar, sondern man blickt ins Schwarze – und es erschließt sich plötzlich auch der an eine finstere slawische Sagengestalt erinnernde Name, der sich aus dem englischen Wort *black* – schwarz – und *vodka* zusammensetzt. Die Idee für diese eigenwillige Wodka-Variante kam ihrem Erfinder Mark Dorman angeblich in einer Bar in San Francisco, wo 28 unterschiedliche Wodkas zur Auswahl standen. Bei dieser ganzen Vielfalt dachte er sich, dass ein schwarzer Wodka eine originelle Ergänzung zum Standard-Repertoire in Sachen Wodka wäre. Und ließ seinen Gedanken Taten folgen.

Seine Färbung verdankt der Brand dem Extrakt der in Südasien beheimateten Gerber-Akazie, die auch unter dem Namen Katechu bekannt ist. Auf den Geschmack des Wodkas hat der stark tanninhaltige Extrakt wohl keinen Einfluss, wenngleich nicht selten behauptet wird, er mache den Wodka etwas milder. Über das konkrete Herstellungsverfahren ihres Wodkas schweigen sich die Erfinder von Blavod bis heute konsequent aus. Auf jeden Fall wartet Blavod mit einer soliden Qualität auf, die das Knowhow seiner Macher verrät. Sein besonderer Reiz liegt aber unbestritten in seiner Farbe, die vor allem die Fantasie in der Cocktail-Küche anregt. Ein Cocktail namens Down the Abyss (Den Abgrund hinab), wie ihn die Macher der Marke vorschlagen, kann man sich in einem fröhlichen Sonnengelb wohl kaum vorstellen …

CHOPIN

POLMOS SIEDLCE-DESTILLERIE
SIEDLCE, POLEN

Brennerei und Abfüllanlage von Polmos Siedlce befinden sich in Podlachien, einer der unberührtesten und saubersten landwirtschaftlichen Regionen in Polen. Das Unternehmen wirbt damit, die einzige Brennerei in Polen zu sein, die den Produktionsprozess ihrer Brände vom Anfang bis zum Ende überwacht. Die Rohstoffe für die Chopin-Brände kauft sie direkt von Landwirten in ihrem Umfeld. Gebrannt werden diese in der hauseigenen Destillerie in Krzesk, die Abfüllung erfolgt am Firmensitz in Siedlce.

Flaggschiff der Range ist der Chopin Rye Vodka, der für den europäischen Markt entwickelt wurde und schon seit 1993 in den Regalen steht. Seinerzeit war der Brand in vielerlei Hinsicht eine Sensation: Erstmals kam ein Wodka in einer schlanken, hohen Flasche daher, deren edles Design in Frankreich entwickelt worden war. Außerdem kostete der Edel-Wodka mit dem Konterfei des französisch-pol-nischen Komponisten das Doppelte handelsüblicher Wodkas. Doch die Rechnung ging auf, und der Chopin eroberte sich in Windeseile einen Rang im Super-Premium-Segment. Der besondere Charakter dieses Wodkas liegt in seiner ausgeprägten Roggennote, die sich schon im Bouquet ankündigt. Im Mund präsentiert er sich wunderbar weich und dennoch charakterstark. Am besten genießt man ihn pur oder on the rocks.

Ein weiteres Ausnahmeprodukt der Chopin-Range ist der Potato Vodka, der zunächst vor allem für den Export in die USA entwickelt wurde und beweist, dass Kartoffelwodka den Getreidebränden durchaus ebenbürtig sein kann. Produziert wird er nur von September bis Dezember zur Zeit der Kartoffelernte, und das aus reinen Bioprodukten. Im Bouquet weist er Spuren von Apfel und Vanille auf, im Mund präsentiert er sich sehr ausgewogen und mild, im Abgang herrlich klar.

CÎROC

DIAGEO
LONDON, GROSSBRITANNIEN

Dieser Wodka gehört zu jenen, die 2007 den Wodka-Streit in der EU auslösten, denn nach Maßstab der Traditionalisten handelt es sich dabei gar nicht um authentischen Wodka: Cîroc wird weder aus Getreide noch aus Kartoffeln gebrannt, sondern aus edlen französischen Rebsorten: Aus der Region Gaillac bei Toulouse wandert ein Mauzac Blanc in den Brand, aus Cognac nahe Bordeaux ein Ugni Blanc. Dass daraus nicht Wein, sondern Wodka wird, ist Jean-Sebastien Robicquet zu verdanken, dem Master Distiller von Cîroc, dem die Leidenschaft für die Brennerei mit in die Wiege gelegt wurde: Seine Familie betreibt bereits seit über 500 Jahren die Destillerie Villevert in der Weinbauregion Bordeaux.

Den Cîroc hat Robicquet 2003 aus der Taufe gehoben – und damit einen edlen Wodka, der mit seinen Qualitäten auch eingeschworene Traditionalisten überzeugt. Seinen besonderen Charakter verdankt er zum einen dem innovativen Verfahren der Fermentation und Mazeration der Weintrauben, das aus der Weinherstellung übernommen wurde, zum anderen der fünffachen Destillation, deren letzter Durchgang in einer Kupferbrennblase in der historischen Distillerie de Chevanceaux in Südfrankreich erfolgt. Und der ganze Aufwand lohnt sich, denn das Ergebnis ist ein außergewöhnlich frischer und reiner Wodka, wie man ihn selten findet. Besonders interessant ist seine unterschwellige Fruchtsüße, die ihm in Kombination mit seiner Reinheit und seinem milden Auftreten zu zeitgemäßer Eleganz verhilft. Standardabfüllung der Cîroc-Palette ist der beschriebene Snap Frost, daneben gibt es noch die aromatisierten Varianten Apple, Pineapple, Red Berry, Amaretto, Coconut und Peach.

CRYSTAL HEAD

GLOBEFILL INC. · NEWFOUNDLAND AND LABRADOR LIQUOR CORPORATION-DESTILLERIE ST. JOHN'S, NEUFUNDLAND, KANADA

Sein Behältnis in der reichlich extravaganten Form eines Glasschädels verdankt der Crystal Head dem als „Blues Brother" unsterblich gewordenen US-amerikanischen Schauspieler Dan Akroyd, der die Wodkamarke 2008 gemeinsam mit dem Künstler John Alexander aus der Taufe hob. Inspiriert wurde die Flaschenform von der Legende der 13 Kristallschädel, die ihrem Besitzer positive Energien, Erleuchtung und mystische Kräfte verleihen sollen und damit Symbole des Lebens sind.

Angeblich wurden die Kristallschädel, die sich teilweise in den Beständen internationaler Museen befinden, von altertümlichen Hochkulturen in verschiedenen Weltregionen vom Südwesten Amerikas bis nach Tibet aus Bergkristallen oder anderen Edelsteinen hergestellt. Allerdings hat man bereits einige dieser vermeintlich altertümlichen Artefakte als neuzeitliche Fälschungen entlarvt. Aber wie dem auch sei – ein Blickfang ist der Crystal Head mit seiner extravaganten Designerflasche, die von der Mailänder Firma Bruni Glass hergestellt wird, auf jeden Fall.

Produziert wird der Crystal Head auf der zu Kanada gehörenden

Crystal Head
VODKA

Insel Neufundland. Als Rohstoffe dienen unter anderem hochwertiger „Peaches and Cream"-Mais in Kombination mit weiteren Getreidesorten sowie kristallklares Gletscherwasser. Nach der vierfachen Destillation wird der Brand siebenmal gefiltert, davon dreimal durch Quarzkristalle, die man nach ihrem ersten Fundort im US-Bundesstaat New York als Herkimer-Diamanten bezeichnet und denen ebenfalls spirituelle Eigenschaften nachgesagt werden. Auf diesem Weg entsteht ein ungewöhnlich weicher Wodka von cremigem, leicht süßem Geschmack, der pur ebenso schmeckt wie im Cocktail.

DANZKA

WALDEMAR BEHN GMBH · DANZKA VODKA COPENHAGEN APS KOPENHAGEN, DÄNEMARK

Schon die Flasche aus gebürstetem Aluminium im schlichten, funktionalistischen Bauhausdesign lässt ahnen, dass man es hier mit einem Wodka zu tun hat, der seine Wurzeln in nordischen Gefilden hat. In der Tat ist Danzka neben Absolut eine der größten skandinavischen Wodkamarken. Produziert wird der Brand im dänischen Herlev, allerdings seit 2013 unter der Ägide des deutschen Getränkegroßhändlers und Spirituo-senherstellers Behn, der sich allerdings auf die Fahnen geschrieben hat, den Traditionen der Marke auch in der Frage des Standorts treu zu bleiben. So tritt der Danzka weiterhin von Dänemark aus seine Reise in die Welt an. Und dabei bewährt sich auch die Aluminiumflasche, denn sie ist deutlich leichter als Glas und praktisch nicht kaputt zu kriegen, was dem Danzka den Ruf eingebracht hat, „best travelling Vodka worldwide" –

bester Reisewodka weltweit – zu sein. Und so hat seine Erfolgsgeschichte nicht umsonst im Flugzeug und Duty-free-Shop begonnen.

Gebrannt wird der Danzka aus 100 Prozent vollem Korn aus dänischem Anbau, dazu kommt kristallklares, weiches, vollständig demineralisiertes nordisches Wasser. Nach sechsfacher Destillation ergeben diese Zutaten einen ausgewogenen, aromatischen, sehr reinen Wodka, der am Gaumen mit dezenten Zitrusnoten überrascht und im Abgang sehr trocken ist. Abgefüllt wird er mit 40 oder 50 Volumenprozent Alkohol. Seine Qualität entwickelt er sowohl pur als auch als Cocktailbasis.

Neben dem Standardbrand umfasst die Danzka-Range noch fünf aromatisierte Wodkas in den Geschmacksrichtungen Apple, Citrus, Currant, Cranraz – eine Mischung aus Cranberry und Himbeere – und Grapefruit, dazu erscheinen hin und wieder begehrte Sondereditionen.

DĘBOWA

DĘBOWA POLSKA SP. J.
SIEDLCE, POLEN

Hergestellt wird die umfangreiche Palette der Dębowa-Wodkas von Dębowa Polska, einer 1982 gegründeten Brennerei, die zunächst auf die Produktion von Brandys spezialisiert war. Nach und nach erweiterten Spirituosen wie Gin und Whisky das Portfolio des Unternehmens, und jüngster Neuzugang ist der Wodka. Zwei Jahre dauerte die Entwicklung des Brandes, der nach einem äußerst erfolgreichen Debüt auf dem polnischen Markt besonders dank der engen Zusammenarbeit mit einigen namhaften Supermarktketten nicht nur verschiedene europäische Länder eroberte, sondern u. a. auch in China, Australien, den USA und auf dem Baltikum seine Abnehmer fand.

Aushängeschild der Brennerei und weithin beliebt ist der Dębowa Polska Oak Wodka mit dem charakteristischen Eichenspan in der Flasche. Bei seiner Herstellung kommen nur ausgesuchte, natürliche Rohstoffe zum Einsatz, und ungeachtet des großen Respekts für die lange Tradition der polnischen Wodkaherstellung weiß man die Vorzüge modernster Technologien erfolgreich zu nutzen. Auf diesem Wege entsteht ein feiner, angenehm milder Wodka, der seine zartgoldene Tönung und sein spezielles Aroma dem Eichenspan in jeder Flasche verdankt.

Ein weiteres Spitzenprodukt aus dem Hause Dębowa ist der Walnut Orzech Vodka, der seine dezenten Walnussaromen der Beigabe von natürlich extrahierten Konzentraten verdankt, die ihn nicht nur angenehm mild, sondern dazu noch sehr bekömmlich machen – so bekömmlich, dass man geneigt ist zu vergessen, dass er Alkohol enthält … Dank der enthaltenen Tannine wird der Walnuss-Brand besonders gerne als Digestiv genossen, der auch ein schweres Essen vergessen lässt.

DIAMOND STANDARD

POLMOS SIEDLCE-DESTILLERIE
SIEDLCE, POLEN

Alles andere als Massenware ist dieser Luxuswodka aus der polnischen Polmos Siedlce-Destillerie, die bereits mit ihrer Marke Chopin Akzente im gehobenen Wodka-Segment gesetzt hat. Auf dem amerikanischen Markt hat der edle Tropfen sich schon die Poleposition unter den Premium-Bränden gesichert, und gegenwärtig schickt er sich an, weitere Länder zu erobern.

Als Rohstoff für den Ausnahme-Wodka dient polnischer Dankowskie-Weizen in – wen wundert's – Diamant-Qualität, dazu selbstverständlich bestes Quellwasser. Nach einer vierfachen Destillation im Small-Batch-

Verfahren, also in kleinen Mengen, wird er vierfach gefiltert, davon eine Runde durch feinsten Diamantstaub, dem 500 De Beers-Diamanten beigefügt sind. Diesem ganz und gar außergewöhnlichen Verfahren verdankt der Wodka seine große Klarheit und eine unglaubliche Weichheit. Doch damit nicht genug der Glitzersteine: Abgefüllt wird der Diamond Standard nämlich in eine aufwendig gestaltete Kristallglasflasche, die mit einem Swarovski-Kristall von beachtlicher Größe besetzt ist. Aber es sind nicht allein die Äußerlichkeiten, die den Diamond Standard zu einem Wodka der Extra-Klasse machen, denn auch der Flascheninhalt weiß auf ganzer Linie zu überzeugen: So verfügt er über eine dezente Weizennote, die aufs Beste mit seinen alkoholischen Elementen harmoniert. Dem Gaumen begegnet er mit kräftigem Körper und samtiger Textur, um dann mit einem sehr lang anhaltenden Finish zu überzeugen.

So nachvollziehbar es auch ist – man kann nur bedauern, dass der Diamond Standard lediglich in limitierter Auflage zu einem recht ansehnlichen Preis produziert wird.

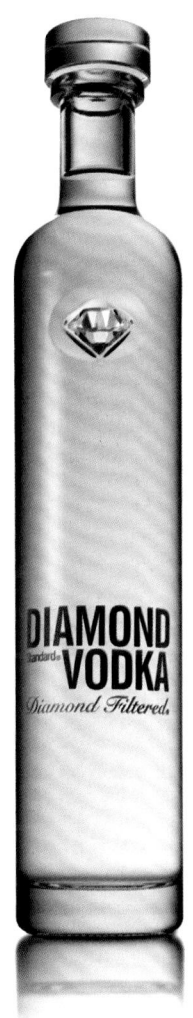

ERISTOFF

BACARDI & COMPANY LIMITED
HAMILTON, BERMUDA

Das Originalrezept für diesen klaren, im Geschmack sehr neutralen Wodka datiert aus dem Jahr 1806. Seine Heimat ist Georgien, das – heute eher krisengeschüttelt – von alters her als magischer Ort bekannt war und für seine Schönheit gerühmt

bol für die traditionsreiche Geschichte des Landes jede Flasche Eristoff.

Das Rezept für den Eristoff, der heute zu den erfolgreichsten Wodkamarken weltweit gehört, stammt von dem georgischen Fürsten Ivan Eristoff, der

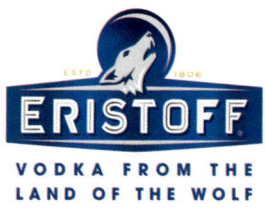

wurde. In Persien nannte man das südkaukasische Land, das geografisch wie kulturell Bindeglied zwischen europäischem und asiatischem Kontinent ist, schon vor 1000 Jahren Virshan – Land des Wolfes. Und bis heute lebt der Wolf dort in freier Wildbahn – und ziert als Sym-

seiner Familie mit der äußerst gelungenen Komposition beachtliches Ansehen auch weit über die Grenzen Georgiens hinaus verschaffte. Über Generationen hinweg hüteten die Eristoffs das Rezept für den Wodka wie ihren Augapfel, und bis heute ziert die Unterschrift des Fürsten jede

Flasche der inzwischen zum Bacardi-Portfolio gehörenden Spirituose.

Basiszutat für den Eristoff Vodka ist 100 Prozent reines Getreide, das mithilfe einer ausgesuchten Spezialhefe vergoren wird. Seinen weichen Geschmack und das feine Bouquet verdankt der dreifach destillierte Brand seiner mehrfachen Holzkohlefiltration. Sein fruchtig-weiches Apfelaroma mit dezenter Lakritznote verwöhnt auch den Gaumen und wird gefolgt von einem langen, wärmenden Finish.

Das Portfolio von Eristoff umfasst Eristoff Vodka, den fruchtigen Beerenmix Eristoff Black, den mit Sauerkirsche aromatisierten Eristoff Red, die Limettenvariante Eristoff Limskaya sowie den karamelligen Eristoff Gold.

FINLANDIA

BROWN-FORMAN CORPORATION · ALTIA OYJ
KOSKENKORVA, FINNLAND

Geburtsjahr dieses in der staatlichen finnischen Brennerei Altia in Koskenkorva produzierten Brandes war 1970. Seitdem hat der Finlandia sich als echter Allrounder etabliert, der sich auf Partys ausgezeichnet als Basis für Mixgetränke eignet, aber auch pur eine gute Figur macht. Ebenfalls sehr beliebt ist die Vielzahl aromatisierter Wodkas der Range. Daran hat sich auch nach der Übernahme der Marke durch den US-amerikanischen Konzern Brown-Forman vor einiger Zeit nichts geändert.

Dass der Finlandia-Wodka dauerhaft durch konsequente Qualität besticht, ist sicherlich auch auf die günstige Lage der Brennerei am Rande des finnischen Getreidegürtels zurückzuführen, wo die sechszeilige Gerste wächst, die als Rohstoff für den Finlandia dient. Diese ist ebenso für ihre hochwertige Stärke als auch für ihren Reichtum an Aminosäuren bekannt, überdies enthält sie kaum Öle. Das Wasser für den Brand kommt aus der Quelle Rajamäki nördlich von Helsinki. Es ist besonders rein, da die eiszeitlichen Moränen, die es passiert, einen natürlichen Filter bilden, was eine industrielle Filterung überflüssig macht. Garantiert wird die gute Wasserqualität außerdem dadurch, dass das Areal rund um die Quelle unter Naturschutz steht.

Zu Alkohol werden diese Zutaten in einem Destillationsprozess, der insgesamt 50 Stunden dauert und aus über 200 Brennvorgängen besteht. Abgefüllt wird der Finlandia mit den üblichen 40 Volumenprozent Alkohol. Damit landet ein glasklarer Wodka von dezentem Aroma mit würzigen und süßen Noten in der Flasche. Am Gaumen zeigt er sich rund und harmonisch, im Abgang außergewöhnlich weich.

FREIMUT WODKA

FREIMUT SPIRITUOSEN GMBH
WIESBADEN, DEUTSCHLAND

Ein Geheimnis dieser Perle unter den deutschen Craft Vodkas liegt im von A bis Z kontrollierten Herstellungsprozess. So wird etwa der Alkohol für die Produktion *in house* gefertigt, was keineswegs eine Selbstverständlichkeit ist. Damit folgen die Macher des Freimut Wodkas ihrem Leitsatz „So gut und natürlich wie möglich!" auf der ganzen Linie.

Wichtigster Rohstoff für den Brand ist Norddeutscher Champagnerroggen, der auf den Feldern eines land-wirtschaftlichen Bio-Betriebs in der Niederlausitz zwischen Leipzig, Dresden und Berlin wächst und vor seiner weiteren Verarbeitung in einem Familienbetrieb in Franken gemälzt wird. Die Verwendung von gemälztem Getreide ist in zweierlei Hinsicht von Bedeutung: Da das Malz wichtige Enzyme für die Herstellung der Maische liefert, entfällt die Beigabe künstlicher Enzyme, außerdem trägt es auch in geschmacklicher Hinsicht zum einzigartigen Charakter des Freimut Wodkas bei.

Weiterhin wird die Maische kälter und darum viermal länger vergoren als bei der industriellen Massenproduktion. Dabei entstehen weniger Fuselalkohole, die Alkoholqualität wird besser und die Maische aromatischer. Und in den Augen der Macher von Freimut Wodka wirkt nichts mehr auf den Geschmack des fertigen Produkts als die Qualität der Maische.

Gebrannt wird in zwei Schritten: Erst wird der Rohbrand aus der Maische destilliert, dann erfolgt der Feinbrand in einer 12 Meter hohen Kupfersäule mit 48 Destillationsböden. Am Ende des Brennvorgangs, über den der Master Distiller mit Argusaugen wacht, hat das Destillat 96,4 Volumenprozent Alkohol. Auf Trinkstärke gebracht wird der Wodka selbstredend mit bestem Quellwasser. So entsteht ein Edel-Wodka, der neben Getreide- und Röstnoten mit einem Duft von Schokolade, Kakao, Malz, Vanille und ein wenig Haselnuss aufwartet. Im Geschmack ist er sehr aromatisch und cremig und erfreut den Gaumen mit Aromen von Roggenbrot, gerösteter Haselnuss, Vanille, Karamell und Milchschokolade.

FREIMUT

WODKA

ROGGEN

DEUTSCHES PREMIUM DESTILLAT
SORTENREIN · UNFILTERT

FREIMUT

GEERNTET · DESTILLIERT · ABGEFÜLLT
IN DEUTSCHLAND

40% vol. 500ml

GORBATSCHOW

HENKELL & CO. SEKTKELLEREI KG
GORBATSCHOW WODKA KG BERLIN
WIESBADEN, DEUTSCHLAND

Wodka Gorbatschow ist gewissermaßen ein Wodka mit Migrationshintergrund. Bereits vor dem Ersten Weltkrieg gründete Leontowitsch Gorbatschow im zaristischen St. Petersburg seine Wodka-Brennerei und beglückte viele seiner Mitbürger vom Fürsten bis zum einfachen Bauern mit seinem Brand. Dann aber brachen die Wirren der Oktoberrevolution über das Russische Reich herein, und Gorbatschow floh mit seiner Familie gen Westen, wo er schließlich in Berlin landete, im Gepäck das Originalrezept für seinen Wodka.

1921 beantragte er bei der Stadt Berlin einen Handelserlaubnisschein und erhielt im April die Erlaubnis, seine Spezialität auch in der neuen Heimat zu produzieren. Zunächst erreichte er mit seinem Brand nur Emigrantenkreise, doch nach und nach fanden auch die Berliner Gefallen an dem Wässerchen. Von da an war der Siegeszug des Wodka Gorbatschow nicht mehr aufzuhalten, und er etablierte sich schließlich als führende Wodkamarke auf dem deutschen Markt. Und das ist bis heute so.

Das Geheimnis seiner Herstellung besteht im Ausschluss aller Fremdaromen, die der Reinheit des Destillats schaden könnten. Auf die Destillation folgt beim Platinum 44 beispielsweise eine vierfache Kältefiltration über frische Aktivkohlefilter, für die der Brand auf −12 °C gekühlt wird. Auf diesem Wege erlangt er seine besondere Reinheit und Frische. Wodka Gorbatschow kann man durchaus pur genießen, doch am besten entfaltet er seine Qualitäten als Cocktailbasis. Neben der Standardabfüllung, die mit 37,5 oder 50 Volumenprozent Alkohol in die Flasche kommt, umfasst die Palette noch den Platinum 44 mit 44 Volumenprozent Alkohol sowie den aromatisierten Gorbatschow Citron.

91

GRASOVKA

SEMPER IDEM UNDERBERG GMBH
RHEINBERG, DEUTSCHLAND

Das Besondere dieses in Polen hergestellten Wodkas liegt in dem echten Büffelgrashalm, der in jeder Flasche steckt, sowie seinem typisch blassen Grünton, der der Beigabe von Büffelgrasextrakt zu verdanken ist. Damit ist Grasovka eine echte Rarität, denn Büffelgras wächst nur an wenigen Stellen auf der Welt. In die Grasovka-Flaschen wandert ausschließlich Büffelgras aus den Urwäldern im Białowieża-Nationalpark nahe der polnisch-weißrussischen Grenze. Geerntet wird das Gras im Frühsommer, wenn es noch voller Saft und Aroma ist, dann in der Sonne getrocknet, gebündelt und auf die passende Länge geschnitten. Danach werden die Halme in Wodka eingelegt, bis eine aromatische Essenz entstanden ist. Diese Essenz wird dann nach einer selbstverständlich geheimen Formel mit dem Getreidewodka, der die Basis für diese einzigartige Spezialität bildet, vermischt. Damit erhält der Grasovka seine typische Farbe sowie seinen charakteristischen Duft und Geschmack.

Entdeckt wurde die spezielle Wirkung des Büffelgrases schon vor mehreren Jahrhunderten, als die Bauern in den Wäldern von Białowieża wohl eher zufällig einen Büffelgrashalm in ihre Wodkaflaschen steckten. Büffelgras ist im Deutschen auch unter dem Namen Duftendes Mariengras bekannt. Ursprung dieser Bezeichnung ist ein Brauch aus dem alten Preußen, wo das Gras in einigen Landesteilen der Jungfrau Maria gewidmet war und an Festtagen vor die Kirchentüren gestreut wurde. Seinen zarten Waldmeisterduft verdankt es seinem hohen Gehalt des Wirkstoffs Cumarin, der besonders konzentriert im untersten Teil der Blätter vorkommt und auch in der Parfüm-, Lebensmittel- und Tabakherstellung zum Einsatz kommt.

GREEN MARK

RUSSIAN ALCOHOL GROUP (RAG) · TOPAZ-DESTILLERIE
PUSCHKINO, RUSSLAND

Die Geschichte dieses russischen Wodkas, der heute als der beliebteste im Land gilt, reicht zurück bis in frühe Sowjet-Zeiten. Damals gab es ein staatliches Gremium, das die Qualität der in Russland produzierten Wodkas überwachte und ein Gütesiegel namens *Zelyonaya Marka* – auf Englisch *Green Mark* – vergab. In den 1950er-Jahren wurde das Gremium aufgelöst, und viele Rezepturen gerieten in Vergessenheit oder gingen verloren. 2001 machte sich dann die Russian Alcohol Group (RAG) daran, einen Wodka nach einem wieder aufgetauchten Originalrezept unter den Bedingungen des Sowjet-Gütesiegels zu produzieren. Heraus kam dabei der Green Mark, der mit seinem Namen auf eben dieses Gütesiegel verweist.

Produziert wird der Brand in der Topaz-Destillerie in Puschkino bei Moskau, die 1995 gegründet wurde und mit modernster, international absolut konkurrenzfähiger Brenntechnologie ausgestattet ist. Den Grundstoff für den Green Mark bildet hochwertiger Weizen aus der Wolgaregion in Zentralrussland. Das weiche und reine Wasser für die Produktion stammt aus einer fast 300 Meter unter der Erde gelegenen Quelle. Ein weiteres Geheimnis des Brandes liegt in seiner aufwendigen Silber- und Platinfiltrierung, nach der er mit einem Alkoholgehalt von 40 Volumenprozent abgefüllt wird.

Als typisch russischer Wodka verfügt der Green Mark Vodka zwar über eine deutlich alkoholische Note, ohne jedoch am Gaumen unangenehm scharf zu sein. Im Abgang ist er sehr mild und rein. Am besten genießt man den Green Mark Vodka eisgekühlt – für Cocktails ist er fast zu schade. Neben der Standardabfüllung sind noch die aromatisierte Variante Cedar Nut sowie der mit Roggen gebrannte Rye Vodka erhältlich.

95

GREY GOOSE

BACARDI & COMPANY LIMITED
GENSAC-LA-PALLUE, FRANKREICH

So international der Markeninhaber des Wodkas, so regional ist der Charakter dieses feinen Brandes. Seine Heimat ist die französische Region Cognac, wo er von François Thibault entwickelt wurde, der sich schon in der Cognac-Herstellung einen Namen gemacht hat. Und der setzte für sein innovatives Produkt auf beste Zutaten aus Frankreich: Als Rohstoff wählte er Winterweizen aus der Picardie und damit ein Getreide, das über ein optimal ausgewogenes Verhältnis von Stärke, Gluten und Mineralstoffen verfügt und deswegen auch von französischen Chefköchen und Konditoren geschätzt wird. Das Wasser für die Produktion stammt aus einer Quelle in Gensac-la-Pallue.

Der Destillationsprozess für den Grey Goose wurde eigens von Thibault entwickelt. Der Brennvorgang verläuft kaskadenartig, damit er die Kombinationen der miteinander verbundenen Brennkolonnen exakt aussteuern kann. Auf diese Weise werden der ureigene Geschmack und das Aroma des Weizens ganz unverfälscht eingefangen. Nach dem Verblenden und Ruhen gelangt das fertige Produkt in eine der beiden hochmodernen Abfüllanlagen in Gensac-la-Pallue. Jede Flasche wird zunächst mit Grey Goose ausgespült, um zu gewährleisten, dass das Flascheninnere mit nichts anderem als dem besten Wodka in Berührung gekommen ist.

Am Ende dieses aufwendigen Produktionsprozesses steht ein Wodka mit einer klaren, frischen und feinen Nase mit einer hintergründigen

Zitrusnote. Am Gaumen ist er aus-
balanciert und mild und lässt dezent
an Mandeln denken. Das Finish ist
lang, frisch und angenehm. Ebenfalls
zu empfehlen sind die diversen aromatisierten Grey-Goose-Varianten,
etwa Birne, Zitrone oder Schwarz-
kirsche.

IMPERIAL COLLECTION GOLD

LADOGA GROUP
ST. PETERSBURG, RUSSLAND

Als echter Geheimtipp in der Gemeinde der Wodkaliebhaber gilt der Imperial Collection Gold der in St. Petersburg ansässigen russischen Ladoga Group. Angeblich reichen die Wurzeln der Edel-Spirituose bis zur Krönung Peters des Großen zum Herrscher aller Russen im Jahr 1721 zurück. Dieses große Ereignis wollte man auch mit einem eigens kreierten Wodka feiern. Und dieser Wodka war eben jener, so die Hersteller, der heute als Imperial Collection Gold vertrieben wird.

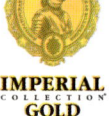

Auch Wodkakenner, die keinen Wert auf royale Anekdoten und üppiges Design in Gold legen, sollten diesen zu äußerst moderaten Preisen erhältlichen, darum jedoch nicht weniger exklusiven Premium-Brand nicht verschmähen. Basiszutat für den Imperial Gold ist Winterweizen der südrussischen Sorte Saratowskaja, der unter strengen Qualitätsvorgaben und -kontrollen auf brennereieigenen Feldern angebaut wird, dazu gesellt sich Quellwasser aus dem Ladogasee östlich von St. Petersburg. Nach der Destillation wird der Brand zunächst in einem elfstufigen Verfahren über Karbonfilter gereinigt. Dann folgt in einem zwölften Schritt die „Politur" des Wodkas, für die er über Goldmembranen gefiltert wird, was ihm seine herrlich weiche Textur und seinen delikaten Geschmack verleiht.

Abgefüllt wird die kaiserliche Spirituose mit 40 Volumenprozent Alkohol. Flaschen aus Medizinglas sollen garantieren, dass der Wodka keine Fremdaromen annimmt. Wer ihn probiert, erlebt in Nase und Mund ein ausgewogenes Zusammenspiel dezenter Noten von Puderzucker, Brioche und Joghurt. Der Abgang ist lang anhaltend mit süßen und pfeffrigen Komponenten – sehr edel.

KABUMM

DESTILLERIE FARTHOFER
ÖHLING, ÖSTERREICH

Flaschendesign und Name lassen es schon ahnen: Der KABUMM Vodka ist eine echte Bombe. Bei dem außergewöhnlichen Produkt handelt es sich um eine Gemeinschaftsproduktion des Berliner Rappers Sido und seines langjährigen Geschäftspartners Burkhard Westerhoff mit dem Brenner Josef Farthofer aus dem niederösterreichischen Mostviertel, der bekannt für seine hochwertigen Bio-Brände ist.

Das Geheimnis des Wodkas besteht aus nur zwei Zutaten: Wasser und Getreide. Ersteres stammt von einer Trinkwasserquelle im farthofer-schen Besitz im oberösterreichischen Mühlviertel und gilt als besonders mild und weich. Wichtigstes Getreide, das für den ganz besonderen Geschmack des KABUMM sorgt, ist sogenannter Nackthafer, eine ebenso alte wie seltene Kulturpflanze, die unbehandelt und naturbelassen bleibt. Dazu kommt noch heimischer Winterweizen. Diese beiden Getreide werden eingemaischt und vergoren. Dann wird bis zu 30-fach destilliert, und im Anschluss reift der Brand noch eine Weile in Edelstahlbehältern. Auf Trinkstärke gebracht, wird er schließlich – was ungewöhnlich ist – ohne Aktivkohlefilterung in mundgeblasene, bauchige Design-Flaschen abgefüllt.

Im Glas besticht die dezent zitronig duftende Edel-Spirituose durch ihre

haferartige Würzig-
keit in Kombination
mit malziger Süße. Der
Geschmack ist sehr sauber
und rein. Am Gaumen erlebt man
den Wodka mit filigraner Kornwür-
ze, dazu kommen leicht fruchtige
und dezent exotische Noten. Sein
sehr weiches Mundgefühl und seine
aromatische Vielfalt entwickelt der
KABUMM am besten, wenn man ihn
pur mit Zimmertemperatur genießt.

KAUFFMAN

WHITEHALL GROUP · KAUFFMAN
MOSKAU, RUSSLAND

Die russische Wodkamarke Kauffman ist zwar erst so alt wie das Jahrtausend, doch seit ihrer Gründung konnte sie sich bereits einen Platz in der Premium-Range der internationalen Wodkaspezialitäten erringen. Zum in Deutschland vertriebenen Kauffman-Portfolio gehören die sogenannten Selected Varianten „Soft" und „Hard" sowie die Vintage-Varianten „Special Selected" und „Private Collection Luxury".

geprägten Honignoten verschaffen. Der Kauffman Hard ist deutlich würziger und wird nicht nur mit Honig, sondern auch mit einem russischen Heilmittel aus Hirschhorn namens Pantokrin veredelt, das als Aphrodisiakum und Verjüngungsmittel gilt. Geschmacklich besticht dieser Wodka mit Klee- und Minzearomen sowie mit einer dezenten Pfeffernote im Nachklang.

Der Kauffman Soft wird mit ausgewählten Honig- und Ginsengwurzel-Aromen zubereitet, die ihm eine samtig-weiche Textur und einen sehr lang anhaltenden Abgang mit aus-

Die Herstellung der exklusiven Kauffman Vintage Vodkas – und damit der weltweit ersten Jahrgangswodkas überhaupt – erfolgt in einem von Markengründer Dr. Mark Kauffman entwickelten Verfahren, das ähnlich aufwendig wie die Produktion von Wein oder Whisky ist. Gebrannt werden die Edel-Wodkas ausschließlich in den allerbesten Erntejahren, und das aus ausgezeichnetem, qualitativ hochwertigem Weizen aus einer einzigen Ernte. Darum kommen die Kauffman Vintages auch nur in streng limitierter Auflage auf den Markt, doch es lohnt sich auf jeden Fall danach Ausschau zu halten, denn dank der hohen Qualitätsansprüche und des aufwendigen Produktionsverfahrens können sie problemlos auch exklusiven geschmacklichen Anforderungen genügen.

KETEL ONE VODKA

DESTILLERIE NOLET
SCHIEDAM, NIEDERLANDE

Die niederländische Destillerie Nolet ist seit über 300 Jahren in Familienhand, und seitdem entstehen dort international begehrte Brände, vor allem der berühmte Genever. Wodka

produziert man in Schiedam allerdings erst seit 1983. Zu verdanken ist dies Carolus Nolet, der die Geschicke des Traditionsbetriebs seit 1979 lenkt

und sich in den frühen 1980er-Jahren auf nach Übersee machte, um die US-amerikanische Cocktailkultur zu erkunden.

Dies war im Übrigen nicht der erste Ausflug eines Nolet-Sprösslings in die Neue Welt. 1902 nämlich hatte sich mit Johannes Nolet ein Mitglied der Brennerei-Dynastie in Baltimore, Maryland, niedergelassen, um von dort aus den amerikanischen Markt zu erobern. Mit Einführung der Prohibition 1920 brach das Geschäft jedoch zusammen, und er kehrte in seine Heimat zurück.

Nach seiner Expedition in die US-amerikanische Barszene hatte Carolus Nolet den festen Plan, einen Wodka zu entwickeln, der pur ebenso gut schmeckt wie auf Eis und auch als Cocktailbasis geeignet ist. Dazu kombinierte er das moderne Verfahren der Säulendestillation mit der Pot-Still-Methode, bei der die älteste

Brennblase des Betriebs, der Distilleerketel #1, zum Einsatz kommt. Dem verdankt der Brand nicht nur seinen Namen, sondern auch seine herausragende Qualität.

Den zarten und würzigen Aromen des Ketel One Vodka folgt ein reiner, frischer Geschmack, der mit seinen Anis-, Fenchel- und Honignoten sowohl herbe als auch milde Komponenten aufweist. Der Abgang ist sehr intensiv und lang anhaltend. Neben der Standardabfüllung, die sich inzwischen eine Premium-Position im internationalen Wodka-Ranking erobert hat, ist auf dem deutschen Markt noch der zitrusfrische Ketel One Citroen zu haben.

KRUPNIK VODKA

DESTYLARNIA SOBIESKI S.A.
STAROGARD GDAŃSKI, POLEN

Ursprünglich handelt es sich bei der Bezeichnung „Krupnik" nicht um einen Markennamen, sondern um einen besonders in Polen und Litauen beliebten, mit vielerlei Kräutern aromatisierten Honiglikör, der meist auf Wodkabasis hergestellt wird. Seit geraumer Zeit findet sich in deutschen Supermarktregalen unter dem Namen Krupnik jedoch auch ein klarer Wodka, der auf Roggenbasis hergestellt wird, preislich im unteren Segment zu Hause ist und auch optisch auf ein traditionelles Erscheinungsbild setzt. Große Überraschungen – im positiven wie negativen Sinne – wird man nicht erleben, wenn man sich für diesen Brand entscheidet, der recht neutral daherkommt und sich vor allem als Cocktailbasis anbietet.

Ein deutlich aufregenderes Mitglied der Krupnik-Wodkafamilie, die diverse aromatisierte Wodkas – produziert bei Polmos Łańcut – umfasst, ist der Krupnik Orzechowy mit ausgeprägtem Haselnuss-Geschmack, der in seiner polnischen Heimat einen ausgezeichneten Ruf genießt. Mit seinen frischen Nussnoten kitzelt er sanft den Gaumen, ohne aufdringlich süß zu schmecken, sodass man sich gerne auch ein zweites oder drittes Gläschen einschenkt. Experten empfehlen, ihn langsam on the rocks zu trinken. Nie vergessen sollte man allerdings, dass es sich ungeachtet aller Milde um ein hochprozentiges Vergnügen handelt, dessen Wirkung der eines klaren Wodkas in nichts nachsteht.

KRZESKA

POLMOS SIEDLCE-DESTILLERIE
SIEDLCE, POLEN

Wer auf der Suche nach einem guten Kräuterwodka ist, wird vom Krzeska Ziołowa aus der Polmos-Brennerei im polnischen Siedlce begeistert sein. Der exquisite Brand verdankt seinen feinen Geschmack der Beigabe von 17 verschiedenen Kräutern – unter anderem Basilikum, Lavendel, Benediktenkraut, Thymian, Büffelgras, Wermut und Melisse –, die in ihrem komplexen Zusammenspiel die Traditionen und Aromen seiner Heimat Podlachien verkörpern. In der Nase besticht er mit Noten von getrockneten Kräutern, Pflaumen, Vanilleeis sowie herben Anklängen von Leder und Tabak, am Gaumen überzeugt er durch seine leicht pikante Würze mit ausgeprägten Kräuternoten.

Liebhaber behaupten, sein besonderes Geheimnis liege darin, dass er je nach Anlass und Zeitpunkt des Genusses immer anders schmecke: Als Aperitif etwa komme er eher mild daher, während nach einem üppigen Mahl eher die verdauungsfördernden Bitternoten in den Vordergrund träten.

Basis für den Krzeska ist der berühmte Chopin Vodka der Polmos-Brennerei, und ebenso wie der edle Kartoffelbrand wurde er von Master Distiller Waldemar Durakiewicz entwickelt, der bereits seit 1978 in Diensten von Polmos Siedlce steht. Dort erkannte man bereits früh, dass er mit einem besonders feinen Geruchs- und Geschmackssinn ausgestattet ist, der es ihm ermöglicht, auch komplexe Aromen sehr differenziert wahrzunehmen. Kein Wunder also, dass er schon zwei Jahre später zum stellvertretenden Produktionsleiter und in den Rang eines Master Distillers aufstieg, um 1999 schließlich den Posten des Geschäftsführers von Polmos Siedlce zu übernehmen.

LEGEND OF KREMLIN

ITAR-DESTILLERIE
KALININGRAD, RUSSLAND

Glaubt man seinen Machern, wird dieser Premium-Wodka nach dem Originalrezept des Mönches Isidoro gebrannt, der im Jahr 1430 im Tschudow-Kloster, das sich einst auf dem Gelände des Kreml befand, einen klaren Brand destilliert haben soll, der bald die Herzen des russischen Hochadels eroberte und als Urvater allen Wodkas gilt. Ob dies nun Legende ist oder nicht, sei dahingestellt. Sicher ist jedenfalls, dass der Edel-Wodka bereits kurz nach seiner Markteinführung im Jahr 2004 wieder den Weg in höchste Regierungskreise gefunden hat: Die Marke ist offizieller Hoflieferant des Moskauer Kreml, und auch die Duma und diverse andere staatliche Institutionen werden regelmäßig mit dem guten Tropfen versorgt.

Hergestellt wird der Legend of Kremlin aus hochwertigem Malzspiritus in „Lux"-Qualität nach russischem Wodka-Reinheitsgebot. Das Wasser aus dem destillerieeigenen Brunnen kommt aus 100 Metern Tiefe, und im Produktionsprozess werden ausschließlich modernste Technologien eingesetzt. Das Ergebnis ist ein ausgesprochen milder Brand mit einer kristallklaren Struktur, der durch seine Ausgewogenheit, Kühle und

LEGEND OF KREMLIN
PREMIUM RUSSIAN VODKA

In the first half of the 15th century, the monk Isidore is credited with developing the formula for vodka at the monastery where the Kremlin now lays. Today, we still use his original recipe, passed down for centuries, to create the sumptuous and refined taste of

LEGEND OF KREMLIN
PREMIUM RUSSIAN VODKA

Reinheit besticht. Im Geschmack ist er harmonisch und zurückhaltend, das Aroma ist authentisch und cremig, das Finish aufregend pfeffrig.

Vorbild für das außergewöhnliche Flaschendesign war übrigens ein Wodkagefäß aus der Hand eines unbekannten Meisters, das Ende des 18. Jahrhunderts in der Glasfabrik des Fürsten Potjomkin hergestellt wurde und heute in einem Moskauer Museum zu bewundern ist.

LUKSUSOWA

PERNOD RICARD · ZIELONA GÓRA-DESTILLERIE
ZIELONA GÓRA, POLEN

Der Wodka Luksusowa gehört zu den beliebtesten polnischen Traditionsmarken und wurde erstmals 1928 – und seitdem beinahe ununterbrochen – hergestellt. Nach dem Zerfall des Ostblocks durften die rund 20 staatlichen Wodkafabriken in Polen ab 1990 zunächst zwar produzieren, was sie wollten, das jedoch weiter unter staatlicher Ägide. 1999 wurden die verschiedenen Marken dann privatisiert und gingen in das Eigentum der Produzenten über. Die Destillerie in Zielona Góra bekam die Marke „Luksusowa". Diese wiederum ging 2003 zunächst an den schwedischen Konzern V&S, der dann 2008 von der französischen Pernod-Ricard-Gruppe, dem zweitgrößten Alkoholproduzenten der Welt, übernommen wurde. Gegenwärtig werden in Zielona Góra jährlich mehr als 40 Millionen Liter Wodka in vielen verschiedenen Sorten abgefüllt.

Grundzutat für den Standardbrand der Marke Luksusowa – das polnische Wort *luksusowa* bedeutet luxuriös – sind Kartoffeln. Im Anschluss an die Fermentierung wird die Maische per Säulendestillation vierfach gebrannt, und es entsteht ein Destillat mit einem Alkoholgehalt von rund 90 Volumenprozent. Im nächsten Arbeitsschritt sorgt der Master Distiller dafür, dass alle Unreinheiten und Fuselöle entfernt werden, ohne dass dabei die charakteristischen Geschmacksnoten des Brandes, namentlich sein feines Kartoffelaroma, verloren gehen. Dann wird das Destillat mit sehr reinem Wasser auf 40 Volumenprozent Trinkstärke gebracht, gefiltert und abgefüllt.

In der Nase ist der Luksusowa rund und süß, geschmacklich überzeugt er durch seine feine Milde, die sich ohne Brennen am Gaumen entfaltet, der äußerst angenehme Abgang besticht durch eine dezente Süße.

MAMONT VODKA

MARUSSIA BEVERAGES B.V. · ITKUL-DESTILLERIE
SIBIRIEN, RUSSLAND

Dieser sibirische Wodka gilt unter Kennern als echter Geheimtipp. Angeblich verdankt er seine Existenz weder wirtschaftlichen Erwägungen noch Marktstudien, sondern einer Abenteuerreise ins ewige Eis, die mit einer Notlandung am Südpol beinahe einen tödlichen Ausgang genommen hätte. Während die zwölf Männer auf Rettung warteten, ertrugen sie die eisige Kälte einzig dank ihrer Wodkavorräte und des Planes, sich, sollten sie überleben, auf die Suche nach den legendären Mammuts in Sibirien zu machen. Sie haben überlebt, sie haben gesucht, und sie haben das komplett erhaltene Yukagir-Mammut gefunden. Als Hommage an diesen sensationellen Fund wurde der Mamont Vodka – zu Deutsch Mammut-Wodka – entwickelt.

Und darum hat die Flasche auch die Form eines Mammut-Stoßzahns. Die Basis für den Inhalt besteht aus 100 Prozent regionalem weißem Winterweizen, dazu kommt pures Gletscherwasser aus dem Altai-Gebirge. Nach der sechsfachen Destillation wird der Wodka durch Holzkohle aus heimischer Silberbirke

gefiltert und präsentiert sich im Glas kristallklar mit wunderbar seidiger Textur. Geschmacklich überzeugt er mit einer leichten Süße am Gaumen und einem trockenen Nachklang.

Produziert wird die Wodka-Spezialität in Sibiriens ältester Brennerei, die 1868 am Fuße des Altai-Gebirges unmittelbar am Fluss Itkul errichtet wurde. Dort steht die Destillerie bis heute, allerdings haben inzwischen längst modernste Brennverfahren Einzug gehalten, und auch die Rezepturen aus den Gründerjahren wurden immer weiter verbessert. Nichtsdestoweniger hält man an einer alten Tradition fest und verwendet – als letzte Destillerie in ganz Russland – ausschließlich gemälztes Getreide für die Alkoholproduktion.

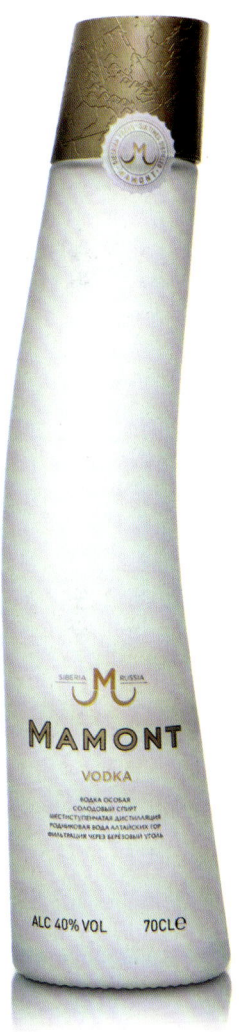

MOSKOVSKAYA

SPI GROUP · SIMEX VERTRIEB GMBH & CO KG
TALVIS-DESTILLERIE
TAMBOW, RUSSLAND

Der Moskovskaya gehört zu den bekanntesten Wodkas in Deutschland, was nicht zuletzt an seinem markanten grünen Schriftzug liegt, und das „Moskauer Wässerchen" – nichts anderes bedeutet nämlich der Markenname – war 1967 die erste eingetra-

Ende des 19. Jahrhunderts hatte der Zar die Festlegung grundlegender Regeln für die Wodkaherstellung angeordnet. So wurde 1894 unter der Leitung des berühmten russischen Chemikers Dmitri Iwanowitsch Mendelejew ein „Reinheitsgebot" für Wodka formuliert, das in Russland bis heute Gültigkeit hat und die weltweit strengsten Vorgaben für die Wodkaproduktion macht. Der erste Brand, der diesem Standard folgte, war noch im selben Jahre der Moskovskaya Osobaya, was sich am besten als „Moskauer Spezial" übersetzen lässt.

gene Wodkamarke in Deutschland. Unter Kennern gilt der ausgesprochen reine Brand als Prototyp des modernen Wodkas.

Der Moskovskaya wird bis heute nach Mendelejews Qualitätsvorgaben hergestellt, ja seine Macher haben sich sogar noch verschärfte Produktionsregeln auferlegt, die man als Moskovskaya-Reinheitsgebot bezeichnen könnte. Als Rohstoff für den Wodka dient ausschließlich naturreiner Weizen bester Qualität. Daraus wird ein Alkohol gebrannt, dessen Reinheit die anspruchsvollen Vorgaben der russischen Lux-Kategorie übertrifft. Das bei der Produktion eingesetzte Wasser stammt aus einer artesischen Quelle, und die Filterung erfolgt in einem mehrstufigen, schonenden Verfahren durch natürliche Filter. Darauf folgt ein letzter, ganz spezieller Arbeitsschritt, bei dem der Brand zweifach mikrofein „poliert" wird und der wesentlich zum typischen Charakter des Moskovskaya mit seiner unverwechselbaren Ausgewogenheit zwischen Reinheit und Geschmack beiträgt.

O-VODKA

DESTILLERIE FARTHOFER
ÖHLING, ÖSTERREICH

Erstmals auf sich aufmerksam machte Josef Farthofer auch über die Grenzen seiner österreichischen Heimat hinaus mit seinen edlen Obstbränden, bei deren Produktion Nachhaltigkeit und Umweltaspekte eine zentrale Rolle spielen. In seinem seit fünf Generationen in Familienhand befindlichen Betrieb entsteht aus hochwertigen Naturprodukten und dem extrem reinen Wasser einer privaten Quelle im oberösterreichischen Mühlviertel nicht nur eine Vielzahl edler Brände, Liköre und Geiste, sondern seit 2012 auch die O-Serie, deren anlautendes O für *organic* und damit Bio-Qualität steht. Neben einem weißen und einem braunen Rum sowie einem Gin gehört zu dieser Bio-Linie auch ein mittlerweile hochdekorierter Wodka, der in Fachkreisen als einer der besten weltweit gilt. Produktion, Lagerung und Verkauf der O-Linie werden streng von der zuständigen Bio-Kontrollstelle überwacht und Jahr für Jahr neu zertifiziert.

Die Destillerie ist in der sogenannten Mostelleria untergebracht.

Rohstoff für den O-Vodka ist österreichischer Weizen aus kontrolliert biologischem Anbau, denn Weizen gilt als sehr hochwertige Basis, die den Wodka besonders mild macht und ihm einen dezent süßlichen, bisweilen ins Malzige gehenden Geschmack verleiht. Den entscheidenden Kick aber verdankt der Brand, davon ist Farthofer überzeugt, vor allem der besonderen Qualität des Quellwassers aus dem Mühlviertel. Die Quelle liegt in einem Naturschutzgebiet und entspringt aus einer Gesteinsschicht im Granit, und ihr Wasser ist – anders als das Wasser in großen Teilen der Alpen – besonders kalkarm, weich und so klar, dass eine Filtrierung des Brandes nicht notwendig ist. An welcher Zutat es letztlich auch liegen mag: Der O-Vodka überzeugt auf ganzer Linie.

PAN TADEUSZ

PERNOD RICARD · ZIELONA GÓRA-DESTILLERIE
ZIELONA GÓRA, POLEN

Pan Tadeusz ist ein traditioneller polnischer Wodka, der zwar inzwischen zum Markenportfolio des Spirituosengiganten Pernod Ricard gehört, aber nach wie vor in der Polmos-Brennerei Zielona Góra hergestellt wird. Namensgebend für den Brand, der in seiner polnischen Heimat nicht nur wegen seiner Qualität, sondern auch wegen seiner edlen Aufmachung häufig als Hochzeitswodka zum Einsatz kommt, ist das polnische Nationalepos „Pan Tadeusz", das im 19. Jahrhundert von Adam Mickiewicz, dem „polnischen Goethe", verfasst wurde. Die Markteinführung des Wodkas fand zeitgleich mit der Premiere des literarischen Werkes statt, und auf dem Flaschenetikett sind bis heute einige Elemente der Titelseite der ersten Edition abgebildet.

Rohstoff für den vierfach gebrannten Pan Tadeusz, der inzwischen längst seinen internationalen Siegeszug angetreten hat, ist eine Mischung aus Roggen und Weizen, die auch für seine besondere Milde sorgt. Besonders geschätzt werden diese Qualitäten im westlichen Ausland: Wichtigste Absatzmärkte für den polnischen Premium-Wodka sind die USA, Kanada, Deutschland und Australien.

Im Bouquet wirkt der Pan Tadeusz deutlich herber, als er es im Geschmack tatsächlich ist: Am Gaumen ist er vielmehr überraschend sanft und mild und brennt kein bisschen auf der Zunge. Im Abgang ist er weiterhin sehr sacht und unverfälscht und hallt lange nach. Preislich ist dieser Klasse-Wodka eher im unteren Segment angesiedelt, doch dadurch sollte man sich nicht täuschen lassen: Unter Kennern gilt er als Wodkaspezialität, die man dank ihrer hohen Qualität am besten pur und eisgekühlt genießt.

PARLIAMENT

UROZHAY-DESTILLERIE
MOSKAU, RUSSLAND

Das Rezept, nach dem die 1991 gegründete Moskauer Brennerei Uro-
zhay den Parliament produziert, geht
noch auf die Zarenzeit zurück. Auf
den Markt kam der Wodka übrigens
erst zehn Jahre nach der Destille-
rie-Gründung. So lange nämlich tüftelten seine Macher an
der Optimierung des Herstel-
lungsverfahrens. Und die Mühe
hat sich gelohnt: In Russland
gehört der Parliament heute zu den
beliebtesten Wodkas, und auch in
Deutschland hat die Marke eine große Fangemeinde.

Seine besondere Milde und Natürlichkeit verdankt der Parliament dem
eher ungewöhnlichen Veredelungs-
prozess der Milchreinigung, mit dem
auch das Etikett wirbt. Dazu wird dem
Wodka Milch beigegeben, die im Kon-
takt mit dem Destillat gerinnt und
dabei alle unerwünschten Mikro-
substanzen aufnimmt. Im nächsten
Schritt erfolgt eine sorgfältige Ab-

schöpfung der überflüssigen Produkte. Danach schließen sich noch diverse
Filtrationsprozesse an, die sicherstel-
len, dass ein Wodka von maximaler
Reinheit in der Flasche landet.

PARLIAMENT.

GENUINE
RUSSIAN
VODKA★

Als Rohstoff für den Parliament dient hochwertiger
Weizen aus Russlands Korn-
kammern, dem der Wodka
seine Geschmacksnote von
frisch gebackenem Brot verdankt.
Das Wasser für seine Herstellung
kommt aus einer destillerieeigenen
Quelle in 270 m Tiefe, das fünffach
gefiltert und mit ausgewählten Sal-
zen und Mineralien angereichert
wird. Aus diesen Zutaten entsteht ein
Wodka von leicht süßlichem Bouquet
mit dezenten Getreidenoten, der am
Gaumen sehr mild und rein ist. Das
Finish wiederum verwöhnt mit seinem wärmenden Charakter. Der
Parliament schmeckt am besten pur
und eisgekühlt, ist aber auch ein gu-
ter Cocktailpartner.

POLIAKOV

LA MARTINIQUAISE
CHARENTON-LE-PONT, FRANKREICH

Beim Stichwort Wodka denkt man sicherlich nicht spontan an Frankreich. Nichtsdestoweniger kommen einige bemerkenswerte Brände aus dem Land der Feinschmecker. So der Poliakov, auch wenn der Name dies nicht vermuten ließe. Es handelt sich dabei um ein Produkt des Spirituosenkonzerns La Martiniquaise, der am französischen Markt Rang Nummer zwei hinter dem Getränkegiganten Pernod Ricard einnimmt. Mit dem Poliakov geht La Martiniquaise gegen Pernod Ricards beliebten Absolut ins Rennen, und das mit Erfolg: In Frankreich trinkt man gegenwärtig keinen Wodka lieber, im weltweiten Vergleich befindet der Poliakov sich unter den Top 20, und keine Marke wächst aktuell wohl schneller. Exportiert wird der Brand in über 50 Länder.

Auf eine lange Geschichte kann dieser französische Wodka nicht zurückblicken. Er wurde gewissermaßen am Reißbrett entwickelt, dies allerdings im Stil traditioneller russischer Wodkas. Das Ziel seiner Macher war es, einen klaren Wodka für das mittlere Preissegment zu entwickeln. Und das ist eindeutig gelungen. Das Erscheinungsbild des Poliakov ist sehr konventionell bis traditionell, Lifestyle wird hier nicht verkauft. Doch dadurch sollte man sich nicht täuschen lassen. Wer sich für den französischen Wodka entscheidet, darf sich über einen sehr ausgewogenen Brand bei einem guten Preis-Leistungs-Verhältnis freuen.

Als Rohstoff für den Poliakov dienen Weizen, Gerste und Roggen, destilliert wird dreimal. In der Flasche landet damit ein im Geschmack unaufdringlicher und neutraler Wodka, den man als echten Allrounder bezeichnen kann und der besonders in Cocktails eine gute Figur macht.

PURISTE PREMIUM VODKA

PURISTE SPIRITS PRODUCTION GMBH
WIEN, ÖSTERREICH

„Pure in every detail" – mit diesen Worten wirbt der von Leo Hillinger und Alois Kracher entwickelte Premium-Wodka „made in Austria". Und der Slogan ist Programm – sowohl, was das Flaschendesign angeht, als auch das, was drinsteckt. Grundzutaten für den Puriste Premium Vodka sind kristallklares österreichisches Quellwasser und bester regionaler Weizen. Doch damit nicht genug: Seine besondere Milde und Reinheit verdankt der Brand dem langwierigen Verfahren seiner sechsfachen Destillation, die selbst für einen Edel-Wodka das Maß des Üblichen übersteigt: Die Mehrzahl der anspruchsvolleren Marken wird nicht häufiger als viermal destilliert.

Auf diesem Wege entsteht ein Wodka, der seine aromatische Vielfalt am besten bei Zimmertemperatur entfaltet und die Nase mit dem harmonischen Zusammenspiel von Feige, Honig und Karamell erfreut. Dem Gaumen begegnet er mit Noten von süßer Feige mit einem Hauch von Kakao sowie würzig-pfeffrigen Anklängen. Im langen Abgang schmeckt man Trockenfrüchte, weiße Schokolade und trockenen Karamell. Zum Mixen ist der Puriste eigentlich viel zu schade. Wer es nicht lassen kann, benutzt ihn als Basis für anspruchsvolle Cocktailkreationen.

Zu Hause ist Leo Hillinger übrigens in der Weinkelterei. Hillinger gilt als einer der bekanntesten österreichischen Winzer. In der Barszene kennt er sich als Besitzer einer Weinbar in Kitzbühel natürlich bestens aus, und

feine Spirituosen weiß er von jeher zu schätzen. Ganz ähnlich wie sein 2007 verstorbener Freund und Geschäftspartner Alois Kracher, dem ein Ruf als „Leitfigur der österreichischen Weinwirtschaft" vorauseilte und mehrmals als Winzer des Jahres ausgezeichnet wurde.

PUSCHKIN VODKA

BERENTZEN-GRUPPE AG
HASELÜNNE, DEUTSCHLAND

Angeblich geht die Rezeptur für diesen deutschen Wodka auf die Zarenzeit zurück. Mit dem russischen Nationaldichter Alexander Puschkin hat der Brand aus dem Hause Berentzen allerdings rein gar nichts zu tun: Ursprünglich wurde die Spirituose von dem Unternehmen König und Schlichte produziert, das 1990 in der Berentzen-Gruppe aufging. Heute ist Puschkin nach Wodka Gorbatschow die zweitgrößte deutsche Wodkamarke.

Was den Puschkin, der aus einer Rohstoffbasis aus Getreide, Kartoffeln und Melasse hergestellt wird, auszeichnet, ist das speziell für diesen Wodka entwickelte Filtrationsverfahren: Das Destillat wird zunächst auf −8 °C gekühlt und dann über spezielle Schichtfilter geleitet, um so seine Reinheit zu gewährleisten. Weiterhin sollen fünf Kontrollstufen im Produktionsprozess die Qualität von Puschkin Vodka gewährleisten. Im Aroma zeichnet er sich durch eine gewisse Süße aus, die auf die Verwendung von Melasse als Basiszutat zurückzuführen ist. Auch am Gaumen entwickelt er süßliche Anklänge mit recht ausgeprägten alkoholischen Noten, und der Abgang ist eher kurz. Nach Expertenmeinung bietet der Wodka aus dem unteren Preissegment eine durchaus solide Qualität als Cocktailbasis.

Besondere Popularität vor allem bei den Party People genießen die aromatisierten Puschkin Vodkas, die in den Varianten Shouting Orange und Screaming Green als farbenfrohe Partyshots vermarktet werden. Wer es lieber herb und wild mag, versucht einen Puschkin Red Orange oder Black Berries. Auf dem Vormarsch sind gegenwärtig außerdem die Varianten Whipped Cream und Nuts & Nougat, mit denen der US-Trend für „Dessertspirituosen" nach Europa schwappt.

131

ROYALTY VODKA

HOOGHOUDT BV DISTILLERY
GRONINGEN, NIEDERLANDE

Diesen „königlichen" Wodka aus den Niederlanden kann man mit Fug und Recht als Geheimtipp bezeichnen, denn nach Meinung von Fachleuten bietet er ein ausgezeichnetes Preis-Leistungs-Verhältnis. Besieht man sich, wo seine Wurzeln liegen, ist seine Qualität keine Überraschung: Hergestellt wird er nämlich in der Groninger Destillerie Hooghoudt, die seit 1888 in Familienhand ist und seitdem

vielseitige Erfahrungen in der Spirituosenproduktion sammeln konnte. Die Royalty-Range umfasst neben dem klaren Wodka in der königsblauen Flasche noch diverse aromatisierte Varianten, die mit natürlichem Fruchtsaft versetzt sind.

Der Royalty Vodka befindet sich seit 1993 im Sortiment der Brennerei. Die Basis für den Brand bildet hochwerti-

ger nordfranzösischer Winterweizen mit einem sehr hohen Stärkegehalt. Destilliert wird im Säulenbrennverfahren, bei dem das Herzstück des Brandes von unerwünschten Verunreinigungen und Fuselölen getrennt wird. Gleichzeitig kommt eine spezielle Vakuumtechnik zum Einsatz, um den Alkohol bei niedrigeren Temperaturen als üblich destillieren zu können. So wird verhindert, dass der in der Maische enthaltene Zucker verbrennt, und man erhält einen extrem reinen Spiritus. Auf Trinkstärke gebracht, wird der nun 40 Volumenprozent starke Wodka durch Aktivkohle gefiltert, um auch die letzten Unreinheiten zu entfernen.

Royalty Vodka ist klar und rein. In der Nase entfaltet er frische Zitrusnoten mit würzigen Anklängen und einem Hauch von Getreide. Am Gaumen ist er rund und frisch mit pfeffrigen Akzenten und dezenter Süße. Im Hintergrund schmeckt man schließlich Zitrus- und Lakritzaromen, und das Ganze endet in einem langen, samtigen Finish.

RUSSIAN STANDARD

RUSSIAN STANDARD COMPANY
ST. PETERSBURG, RUSSLAND

Mit diesem Wodka brachte der russische Dollarmilliardär Rustam Tariko 1998 den ersten inländischen Premium-Wodka auf den russischen Markt und legte damit gleichzeitig den Grundstein für sein Geschäftsimperium, das ebenfalls den Namen Russian Standard trägt und neben der Wodkaproduktion unter anderem eine äußerst erfolgreiche Privatbank umfasst.

Gebrannt wird der Russian Standard nach der klassischen Formel des Chemikers Dmitri Iwanowitsch Mendelejew. Seine Grundzutat ist hochwertiger Winterweizen aus der für ihre fruchtbaren Böden berühmten russischen Steppe. Dazu kommt Wasser aus dem eiszeitlichen Ladogasee unweit von St. Petersburg und der finnischen Grenze, dessen Wasser als sehr weich und rein gilt, da seine Zuflüsse auf ihrem Weg durch uralte Wälder natürlich gefiltert werden.

Ebenfalls einen wichtigen Beitrag zum Erfolg des Wodkas, dessen Absatz in Russland bereits zwei Jahre nach seiner Markteinführung höher war als die der ausländischen Premium-Konkurrenz, besteht in den innovativen Produktionstechnologien der Destillerie in St. Petersburg. Zu nennen sind etwa die 35 Meter hohe Rektifikationssäule, die isothermisch temperaturkontrollierten Produktionsverfahren und der mehrstufige Filtrationsprozess.

Als Standardabfüllung der Range, die außerdem noch die Sorten Imperia, Gold und Platinum umfasst, verfügt der Russian Standard Original über einen dezenten Geruch nach frischem Weizen in Kombination mit einer feinen Zitrusnote. Ungeachtet seiner geschmacklichen Komplexität ist er sehr geradlinig. Sein wärmendes Mundgefühl und der lange Nachklang sprechen für seine besondere Qualität.

Wodkagenuss in Luxusqualität bietet der Russian Standard Imperia, der das Sortiment seit 2004 ergänzt und als hochwertigster Brand der Range noch reiner und weicher daherkommt als die übrigen Sorten. Zu verdanken ist dies vor allem dem anspruchsvollen mehrfachen Destillationsverfahren sowie der nachfolgenden Filtration durch mehrere Schichten Kristallquarz aus dem Uralgebirge. Vor der Abfüllung ruht der Premium-Wodka außerdem noch 72 Stunden in speziellen Relaxationsfässern.

So ist nicht nur die Flasche edel, sondern auch ihr Inhalt, der im Bouquet neben Kräuteraromen eine sehr dezente alkoholische Note aufweist und sein ganzes Potenzial mit einer herrlichen Milde am Gaumen entfaltet. Ebenfalls für die besondere Qualität eines Russian Standard Imperia spricht sein voller, eleganter Körper.

Wer die Qualitäten dieses Brandes gänzlich auskosten möchte, sollte ihn keinesfalls als Shot verschwenden, sondern leicht gekühlt oder auch auf Eis Schluck für Schluck genießen. Natürlich eignet sich der Imperia dank seiner Neutralität auch hervorragend als Basis für einen klassischen Wodka-Cocktail oder einen exklusiven Longdrink.

SKYY VODKA

CAMPARI AMERICA
SAN FRANCISCO, USA

Ein Wodka mit hohem optischem Wiedererkennungswert ist der kalifornische Skyy Vodka, der von dem US-amerikanischen Unternehmen Campari America hergestellt wird und zum Portfolio der italienischen Gruppo Campari gehört.
Die kobaltblaue Designerflasche mit dem minimalistischen Design – auf dem Etikett sind lediglich Markenname, Herstellerangabe und Alkoholgehalt abgedruckt – ist zweifellos ein echter Hingucker. Aber auch der Flascheninhalt kann sich sehen lassen.

„Erfunden" wurde die Spirituose 1992 von dem Amerikaner Maurice Kanbar, dem sein Martini wegen der ausgeprägten Alkoholnote der üblicherweise als Basis verwendeten Wodkas nicht mehr schmeckte. Also entwickelte er kurzerhand ein innovatives temperaturgesteuertes Destillationsverfahren, bei dem die Fuselalkohole und Aldehyde exakt vom trinkbaren Ethanolalkohol getrennt werden und das damit dafür sorgt, dass ein sehr klarer, reiner Wodka in der Flasche landet – die übrigens bis 1993 aus ungefärbtem Glas bestand.

Nach der Destillation wird der pure Wodka dreifach gefiltert, um noch verbliebene unerwünschte Inhaltsstoffe zu entfernen. Dieser aufwendige Produktionsprozess und bester amerikanischer Weizen verleihen dem Skyy Vodka, der den Gaumen mit Koriander- und Anisnoten kitzelt und im Finish leicht pfeffrig ist, seinen ausgewo-

genen, runden und weichen Charakter. In seiner US-amerikanischen Heimat ist der Skyy Vodka in diversen aromatisierten Varianten zu haben, auf dem deutschen Markt beschränkt sich die Auswahl auf die Geschmacksrichtungen Citrus, Passion Fruit und Raspberry.

SMIRNOFF

DIAGEO
LONDON, GROSSBRITANNIEN

Kaum ein Wodka kann wohl auf eine so wechselvolle Geschichte zurückblicken wie der berühmte Smirnoff No. 21. Gegründet wurde die Marke in der zweiten Hälfte des 19. Jahrhunderts von einem gewissen Pjotr Arsenjewitsch Smirnow. Als er 1898 deutlich von den Bränden abhob, die damals in seiner Heimat über den Tresen gingen. Für seinen Wodka verwendete Smirnow ausschließlich Getreide und verzichtete, anders als ein Großteil der Konkurrenz, auf die Beigabe von Kartoffeln oder auch

starb, hinterließ er seinen fünf Söhnen eines der größten Vermögen im ganzen Land, außerdem das Rezept für seinen Wodka No. 21. Die Nummer steht übrigens für Smirnows 21. und schließlich erfolgreichen Versuch, einen reinen, klaren Wodka zu produzieren, der sich in der Qualität Rüben. Seine besondere Reinheit verdankte der Brand der neuartigen zehnfachen Filtration durch Holzkohle, die bei Smirnoff heute noch zum Einsatz kommt. Dank der geschmacklichen Qualitäten seines Wodkas avancierte Smirnow sogar zum Hoflieferanten des Zaren.

Nach seinem Tod übernahmen die Söhne die Führung der Brennerei gemeinsam, doch aufgrund interner Zwistigkeiten verließ einer nach dem

anderen das Unternehmen, und bei Ausbruch der Oktoberrevolution lenkte Wladimir Smirnow die Geschicke der Destillerie allein. Doch die Freude währte nicht lange – die Brennerei wurde verstaatlicht, und

Wladimir musste ins Ausland flüchten. Sein Weg führte ihn zunächst in die Türkei, dann nach Frankreich.

Dort nahm er mit Smirnoff die französische Version seines russischen Familiennamens an und gründete 1928 in Nizza ein neues Unternehmen, das nicht nur Wodka, sondern auch Liköre und sogar Cognac produzierte – allerdings nicht sehr erfolgreich. Am Rande des Ruins machte Smirnoff sich dann 1933 auf in die USA, wo eben die Prohibitionsgesetze aufgehoben worden waren und neue Märkte lockten. Doch auch die Neue Welt brachte dem Exilrussen kein Glück, und er verkaufte seinen Namen und sein Wodkawissen an den russischstämmigen Amerikaner Rudolph Kunett, der seinerzeit das Kosmetikunternehmen Helena Rubinstein lenkte.

Kunett gründete die erste Smirnoff-Destillerie im US-amerikanischen Bundesstaat Connecticut – und scheiterte ebenfalls: Wodka war damals noch vollkommen unbekannt, und man zeigte sich der fremden Spirituose gegenüber nur wenig aufgeschlossen. Und dass diese Spirituose aus Russland kam, war in Zeiten des zunehmenden Antikommunismus auch nicht gerade ein Pluspunkt. So wechselte die Marke Smirnoff erneut den Besitzer und ging an den Getränkekonzern Heublein. Dort bewies man ein feines Gespür für die Vermarktung des Wodkas. Zum einen verkaufte man ihn als „weißen Whisky" und verlieh ihm damit ein beinahe amerikanisches

Wladimir Smirnow übernahm 1910 die Leitung der Firma, musste aber nach der Oktoberrevolution mit der ganzen Familie nach Westen emigrieren.

Image, zum anderen konnte man ihn im Zeitalter des US-amerikanischen Cocktailbooms dank seines neutralen Geschmacks erfolgreich als optimale Basiszutat zu den immer beliebter werdenden Mixgetränken besonders reinen und neutralen Geschmack Wodka- und Cocktailtrinker auf der ganzen Welt. Kaum eine Spirituose wird so häufig verkauft wie dieser amerikanische Wodka mit russischen Wurzeln, der heute unter der Ägide des in London ansässigen Weltkonzerns Diageo nicht nur in den USA, sondern unter anderem auch in Südafrika, Australien, Indien, Mexiko, Spanien, Irland, Italien und vielen weiteren Ländern produziert und in über 100 Länder exportiert wird.

liebter werdenden Mixgetränken etablieren. Einen wichtigen Beitrag lieferte hier der eigens für den Smirnoff entwickelte Cocktail Moscow Mule, der heute sowohl im Original als auch in diversen Abwandlungen ein echtes Comeback feiert.

In der Folge war der Siegeszug des Smirnoff No. 21 nicht mehr aufzuhalten, und er eroberte nicht nur die USA, sondern überzeugte mit seinem

Längst gibt es nicht mehr nur den mit 37,5 Volumenprozent Alkohol abgefüllten Smirnoff No. 21, der wegen seines Etiketts auch als Red Label bezeichnet wird, sondern auch diverse hochprozentigere Ausführungen wie den Black Label No. 55 mit 40 und den Blue Label No. 57 mit 50 Volumenprozent Alkohol. Daneben findet sich in den Regalen der Einzelhändler eine Vielzahl aromatisierter Varianten, die sich je nach Land an den regionalen geschmacklichen Präferenzen orientieren.

SOBIESKI VODKA

DESTYLARNIA SOBIESKI S.A.
STAROGARD GDAŃSKI, POLEN

Benannt ist dieser zunehmend auch auf dem internationalen Markt präsente polnische Wodka nach keinem Geringeren als Jan III. Sobieski, der in seiner Heimat als letzter großer polnischer König gilt. Sobieski war gewählter Herrscher über den Staat Polen Litauen und wurde vor allem als Retter Wiens berühmt: Bei der Schlacht am Kahlenberg erzielte er 1683 während der Zweiten Wiener Türkenbelagerung als Oberbefehlshaber der Katholischen Liga den entscheidenden Sieg gegen die Türken, die ihn seither respektvoll als „Löwen von Polen" bezeichneten.

Ein Geheimnis des Sobieski liegt im Dankowski-Roggen aus der Region Masowien, der deutlich weicher und süßer als andere Getreidesorten ist. Dazu kommt das kristallklare Wasser der Quellen, dem die Premium-Spirituose ihr seidiges Finish verdankt. Was die Destillation angeht, so lautet die offizielle Devise

„Weniger ist mehr": Vielfaches Destillieren, so die Macher von Sobieski, mache aus einem schlechten Wodka keinen guten. So setzt man in der Brennerei auf das Verfahren der kontinuierlichen Destillation, die dem Sobieski, der übrigens in Polen schon seit 1864 vertrieben wird, zu seinem reinen, milden Geschmack verhilft. Weitere Brenndurchgänge, so die Sobieski-Fachleute weiter, könnten ihren Wodka auch nicht besser machen.

Insgesamt kann dieser polnische Wodka-Klassiker auf ganzer Linie überzeugen, sofern man Freude an einem komplexen und ausgewogenen Brand hat, der seinen Grundstoff nicht verleugnet, und noch dazu zu einem moderaten Preis zu haben ist. In der Nase dominieren Roggenaromen, zu denen sich dezente Gewürznoten gesellen. Am Gaumen ist der Sobieski trocken, ohne an Komplexität zu verlieren.

147

STOLICHNAYA VODKA

SPI GROUP · LATVIJAS BALZAMS · TALVIS-DESTILLERIE
RIGA, LETTLAND · TAMBOW, RUSSLAND

Was den nach russischer Tradition und den Vorgaben des Chemikers Mendelejew hergestellten Stolichnaya Vodka besonders auszeichnet, ist seine außergewöhnliche Reinheit: Zu verdanken ist das modernsten Destillationstechnologien und einem dreifachen Brennvorgang, bei dem jeweils nur der reinste Teil des Mittellaufs weiterverarbeitet wird. Damit genügt der Reinheitsgrad des Brandes voll und ganz den in Russland geltenden strengen Qualitätsansprüchen an sogenannten Alpha-Alkohol, der über eine nahezu makellose Reinheit verfügen muss.

Das Rezept für den Stolichnaya wurde erst 1938 offiziell registriert, doch seine Wurzeln reichen mindestens bis in das Jahr 1901 zurück, als in Riga auf Anweisung des Zaren die Destillerie Latvijas Balzams errichtet wurde, wo der Stolichnaya bis heute produziert wird. Damals ging ein Teil des in der lettischen Hauptstadt hergestellten Wodkas an den Kreml, und diesen Wodka nannte man Vodka Stolichnaya – Wodka aus der Hauptstadt.

Der Weizen für den Stolichnaya wächst auf den ungemein fruchtbaren Böden der Region Tambow in Russland. Das Unternehmen verfügt dort über eigene Felder, und die Ernten werden handverlesen, um bei der Destillation vor Ort immer beste Qualität gewährleisten zu können. Die Filterung des dreifach gebrannten, hochreinen Destillats erfolgt in Lettland bei Latvijas Balzams in vier Durchgängen. Vor der Abfüllung wird der Wodka noch mit artesischem Wasser aus dem unternehmenseigenen Brunnen auf die in Russland übliche Trinkstärke von 40 Volumenprozent Alkohol gebracht. Traditionell trinkt man Stolichnaya pur und ungekühlt, garniert wird er üblicherweise mit einem Trinkspruch.

Das Erscheinungsbild der Marke geht auf einen Wettbewerb in den 1950er-Jahren zurück, und ungeachtet behutsamer Veränderungen besteht nach wie vor ein hoher Wiedererkennungswert. Seinen internationalen Erfolg startete Stolichnaya kanische Apollo-Mission andockte, überreichte der Kosmonaut Alexei Leonow seinem amerikanischen Kollegen, dem Astronauten Thomas Stafford, eine Tube mit dem Label „Vodka Stolichnaya". In der Tube war zwar nur das russische Nationalgericht Borschtsch, aber dennoch: Die erste Wodkamarke im All war Stolichnaya damit trotzdem.

Seit 2003 ist der Stolichnaya auch in veredelter Form zu haben: Seitdem nämlich beweist sein luxuriöser kleiner Bruder, der Stolichnaya Elit, dass es auch noch perfekter geht. Destilliert wird er ebenfalls aus Weizen von den Feldern in Tambow, aber bei den drei Destillationsgängen wird überproportional viel von Vor- und Nachlauf abgetrennt, um wirklich nur das Herz des Destillats zu behalten. Während üblicherweise zwei Prozent abgeschieden werden, sind es beim Stolichnaya Elit 20 Prozent. Ist der Elit dann auf Trinkstärke gebracht, folgt die Filterung im innovativen Freezeout-Verfahren, für das der Wodka auf −18 °C heruntergekühlt und

1973: PepsiCo und die Sowjet-Regierung vereinbarten ein Geschäft, das Pepsi die Einfuhr von Stolichnaya in die USA erlaubte. Das machte Stolichnaya innerhalb kürzester Zeit zum Importwodka Nummer eins in den USA. Außerdem kann die beliebte Spirituose für sich in Anspruch nehmen, die erste Wodkamarke im All gewesen zu sein: Als 1975 die sowjetische Sojus 19 an die ameri-

durch Karbonfilter geleitet wird, sodass auch kleinste Unreinheiten verschwinden. Anschließend ruht der
Edel-Wodka noch 24 Stunden, um
dann auf Zimmertemperatur abgefüllt zu werden.

Das Ergebnis ist ein sehr reiner Wodka, der im Geruch leicht, sauber,
frisch und anregend ist. Am Gaumen
überzeugt er durch Geschmeidigkeit
und Harmonie, der Abgang ist rund
und weich.

THREE SIXTY VODKA

THREE SIXTY VODKA GMBH
BERLIN, DEUTSCHLAND

Seit seiner Markteinführung 2004 hat sich der Three Sixty Vodka des gleichnamigen Berliner Unternehmens mit seiner soliden Qualität einen festen Platz im Reigen der hochwertigeren Wodkas erworben. Das erstaunt auch nicht weiter, wenn man bedenkt, dass das Unternehmen eine 100-prozentige Tochter des westfälischen Familienunternehmens Schwarze und Schlichte ist, das sich schon beinahe 350 Jahre der Brennkunst widmet.

In den Brand wandert ausschließlich deutscher, handverlesener Weizen aus biologischem Anbau, der vierfach destilliert wird. Seine besondere Milde allerdings verdankt er dem exklusiven Verfahren der sogenannten Diamond Filtration. Bei diesem aufwendigen Verfahren werden auch kleinste Schwebepartikel aus dem Brand entfernt, sodass ein sehr reiner Wodka in die auffällige Flasche im Facettenschliff mit exklusivem Samtetikett abgefüllt wird – in der Standardvariante mit 37,5 Volumenprozent Alkohol.

Das Weizenaroma des würzigen Three Sixty setzt sich in Kombination mit einer dezent-frischen Alkoholnote auch am Gaumen fort. Im Finish überzeugt der Brand durch seine Reinheit und Natürlichkeit. Auch im Nachklang bleibt er sich mit seinen würzigen Weizennoten und dezenten Alkoholaromen treu. Man kann ihn pur oder auf Eis genießen, doch dank seiner Reinheit eignet er sich besonders als Cocktailbasis.

Seit Sommer 2014 gibt es den Three Sixty auch in Schwarz: Der Black 42 ist mit den namensgebenden 42 Volumenprozent Alkohol einige Umdrehungen stärker als die Standardabfüllung, überzeugt aber ebenfalls durch seine große Reinheit, denn hergestellt wird er nach dem bewährtem Verfahren mit Vierfach-Destillation und Diamant-Filtration.

ULTIMAT VODKA

THE PATRÓN SPIRITS COMPANY
ULTIMAT SPIRITS POLAND
WARSCHAU, POLEN

Der in Polen produzierte Ultimat Vodka ist im Portfolio des noch jungen US-amerikanischen Unternehmens Patrón Spirits der bis dato einzige Wodka. Nach Gründung der Firma 1989 konzentrierte man sich zunächst auf den Tequila-Markt, um das Angebot in der Folgezeit Schritt für Schritt zu erweitern. Wie die übrigen Spirituosen von Patrón Spirits ist auch der Ultimat Vodka ein Ultra-Premium-Brand, der preislich eher im gehobenen Segment liegt.

Ausgewählt wurde er in einem langwierigen Verfahren, für das die Mitarbeiter des Unternehmens über 100 verschiedene Wodkas sichteten. Dass sie sich schließlich für den Ultimat entschieden, liegt vor allem an der einzigartigen Kombination seiner Rohstoffe: Während bei der Produktion anderer Edel-Wodkas entweder Getreide *oder* Kartoffeln verwendet werden, kommen in die Maische für den Ultimat Weizen, Roggen *und* Kartoffeln. Aus dieser ungewöhnlichen Kombination entsteht ein bemerkenswert komplexer Wodka, dessen nuanciertes Geschmacksprofil ahnen lässt, wie viel Fingerspitzengefühl bei der Verarbeitung dieser in ihren Eigenschaften so unterschiedlichen Rohstoffe am Werke ist, denn: Auf die richtige Mischung kommt es an. Und die haben die Macher des Ultimat ganz offensichtlich gefunden: Der Weizen macht ihn weich, der Roggen sorgt für das rechte Maß an Vielschichtigkeit und die Kartoffeln verleihen ihm seinen reichhaltigen Charakter.

Wer sich einen Ultimat einschenkt, erlebt in der Nase einen sauberen und klaren Wodka, der den Gaumen mit einer leichten Süße verwöhnt und eine herrlich weiche Textur entwickelt. Der Abgang spiegelt sein klares Aroma und ist rein und fein.

155

U'LUVKA VODKA

U'LUVKA LTD · AKWAWIT-POLMOS S.A. BRESLAU, POLEN

Glaubt man den Machern dieses Wodkas, geht das Rezept für den U'Luvka auf den Beginn des 17. Jahrhunderts zurück, als Polen von Sigismund III. Wasa regiert wurde. Seinerzeit war es bei Hofe üblich, Wodka aus Gläsern ohne Fuß zu trinken, die sich nicht abstellen ließen und darum bei jedem Toast bis zur Neige getrunken werden mussten. Dies hatte zur Folge, dass der Hof, wenn es an das Tagwerk ging, lustlos und verkatert war. Darum soll der König den Hofalchemisten Sendivogius beauftragt haben, einen ausgewogenen und reinen Brand zu kreieren, der auch bei reichlichem Konsum am Abend bei Tage keinen Einfluss auf die Staatsgeschäfte haben würde. Der Alchemist tat, wie ihm geheißen, und destillierte ein königliches und äußerst bekömmliches Elixier, und das wurde, so will es eine neue Legende, zum Vorbild für den U'Luvka.

Gebrannt wird der polnische Edel-Wodka in einer der ältesten Destillerien des Landes vor den Toren Breslaus. Die Zutaten für den U'Luvka gedeihen auf den fruchtbaren Getreidefeldern des polnischen Nordens. Für den Brand werden Roggen, Weizen und Gerste im Verhältnis 2:1:1 gemischt. Nach der kontinuierlichen Destillation im Säulenbrennverfahren wird der Spiritus mit bestem polnischem Wasser auf Trinkstärke gebracht. Danach wird der U'Luvka lediglich zweimal gefiltert, um seinen typischen Geschmack zu wahren. Im Anschluss prüft ein ausgesuchtes Team jede Charge per Blindverkostung im Vergleich zu drei früheren Chargen und dem Master Blend, um eine gleichbleibende Qualität des Wodkas zu gewährleisten. Erst dann wird der Brand in die mundgeblasenen, mehrfach prämierten Designerflaschen abgefüllt.

Fachleute rühmen den U'Luvka als sehr runden Wodka, der eine leichte Süße mitbringt und dem Gaumen mit einem feinen Hauch von Anis und gesalzener irischer Butter schmeichelt. Im langen Finish schließlich dominieren Kräuternoten, wobei Aromen von schwarzem Pfeffer und Fenchel deutliche Akzente setzen.

VALLURE VODKA

VALLURE GMBH
BERLIN, DEUTSCHLAND

100-jähriger Brenntradition, die einst den Zarenhof im russischen St. Petersburg belieferte. Als Rohstoff dient bester deutscher Winterweizen, und nach dem fünffachen Brand sorgt das exklusive Verfahren der dreifachen Goldfiltration für die Reinheit des Destillats. Engmaschige Qualitätskontrollen sind natürlich eine Selbstverständlichkeit.

Unter dem Namen Vallure werden zwei Wodkas vertrieben: Da ist zum einen der sehr edle und sehr hochpreisige Vallure Gold Standard, der seinen Namen wohl in jeder Hinsicht verdient: Die Flasche hat eine 24-karätige Blattgoldauflage, und auch der schwere metallene Flaschenverschluss ist vergoldet. Doch damit nicht genug: Das Logo ist handgraviert, und jede Flasche trägt eine individuelle Seriennummer. Auch der Flascheninhalt hat buchstäblich Goldstandard: Produziert wird er in einer Berliner Destillerie mit über

Im Alltag dürfte einem dieser Edel-Wodka, der wohl eher auf den internationalen Events der High Society zu Hause ist, nur selten begegnen. Wer dennoch das Glück hat, einmal ein Gläschen der Luxusspirituose zu kosten, darf sich über einen vollmundigen, ausgesprochen milden Wodka mit Jetset-Faktor freuen. Deutlich günstiger, aber ebenfalls dem gehobenen Segment zuzuordnen ist der Vallure Blanc, der in einer glänzend weißen Flasche mit goldenem Logo und Metallverschluss angeboten wird. Wie sein exklusiver

Bruder wird er durch Gold gefiltert, und er ist ebenso weich und sanft. Wer sich mit ein bisschen Glamour umgeben möchte, ohne Hunderte von Euro auszugeben, ist mit dem Vallure Blanc bestens beraten.

VALLURE
VODKA

THE GOLD STANDARD OF VODKA

RAISE YOUR GLASS. RAISE YOUR STANDARD.

VAN GOGH VODKA

KONINKLIJKE DISTILLEERDERIJ M. DIRKZWAGER B.V. SCHIEDAM, NIEDERLANDE

Die niederländische Wodkamarke Van Gogh ist die wohl unbestrittene Königin der aromatisierten Wodkas, was auch an ihrem hohen optischen Wiedererkennungswert liegen mag: Jede Wodkasorte aus dem umfangreichen Van-Gogh-Portfolio hat ihr eigenes, farbenfrohes Erscheinungsbild. Die Wodka-Range der Royal Dirkzwager Distilleries trägt den Namen des bekanntesten niederländischen Malers nach Aussage von Wodkas mit ihren vielfältigen Geschmacksnuancen.

Vos hegte bereits früh den Traum, einmal eine berühmte Spirituose zu entwickeln. Sein Handwerk lernte er in der familieneigenen Brennerei, wo er schon bald mit Rohmaterialien und Aromen experimentierte. Als seine Eltern den Betrieb an ein großes niederländisches Spirituosenunternehmen verkauften, setzte er

Van-Gogh-Brennmeister Tim Vos nicht – oder nicht nur – aus Werbegründen. Für ihn sind die berühmten, farbenfrohen Bilder des Malers ein Vorbild bei der Kreation seiner seine Laufbahn dort fort. 2001 wechselte er dann zu den Royal Dirkzwager Distilleries, wo er sein eigenes Verfahren zur Herstellung von aromatisierten Wodkas entwickelte.

Bei der Produktion der Van-Gogh-Brände kommen nur hochwertiges Getreide, demineralisiertes Wasser und makellose Früchte zum Einsatz. Zunächst wird die Wodkabasis in einem mehrstufigen Destillationsprozess hergestellt. Daran schließt sich das von Vos entwickelte Verfahren zur Aromatisierung der Destillate an, das insgesamt sechs Wochen dauert und den Wodkas ihre wundervolle Milde verleiht und sie mit ihren intensiven Aromen zu einem unvergleichlichen Geschmackserlebnis macht.

VIKINGFJORD

ARCUS AS
GJELLERÅSEN, NORWEGEN

Dieser norwegische Wodka stammt aus dem Hause Arcus, dessen bekanntestes Produkt wohl der Linie Aquavit ist, der seinen Namen seiner obligatorischen Reise über den Äquator verdankt. Nach einem etwas holprigen Start im Jahr 1985, als der Vikingfjord Vodka nach dem Scheitern der Partnerschaft zwischen dem staatlichen norwegischen Spirituosenkonzern Vinmonopolet mit dem US-amerikanischen Getränkehändler Heublein nur ein Jahr nach seiner Markteinführung wieder aus dem Einzelhandel verschwand, befindet sich der Vikingfjord heute auf der Erfolgsspur. Inzwischen hat Vinmonopolet Arcus Produktion und Vertrieb übertragen, und der Wodka ist nicht nur auf dem heimischen Markt ein echter Verkaufsschlager, sondern auch international hochdekoriert und begehrt.

Wodka wurde in Skandinavien traditionell aus Kartoffeln hergestellt. Das hatte keine „ideologischen" Gründe, sondern lag schlicht daran, dass Kartoffeln im rauen Klima des Nordens deutlich besser gedeihen als Getreide. Für den Vikingfjord hat man aus dieser Not eine Tugend gemacht, und die Brennerei gilt heute als eines der führenden Unternehmen für die Produktion von Kartoffelwodka.

Doch den besonders milden Charakter verdankt der Vikingfjord vor allem seiner zweiten Zutat, nämlich dem kristallklaren, durch eiszeitliche Moränen gereinigten Wasser vom Jostedal-Gletscher. Ein weiterer Garant für Qualität ist die fünfphasige Säulendestillation, mit der alle unerwünschten Bestandteile des Brandes abgeschieden werden. Auf diesem Wege erhält der Vikingfjord seinen einzigartigen süßlichen und milden Geschmack, ohne seine bei einem guten Wodka so geschätzte Neutralität zu verlieren.

WYBOROWA

PERNOD RICARD · WYBOROWA S.A. POZNAŃ POSEN, POLEN

Heute ist der Wyborowa ein weltweit bekannter Wodka, den man in seiner polnischen Heimat schon seit dem 19. Jahrhundert schätzt. Seine Wurzeln gehen zurück auf das Jahr 1823, als der jüdische Geschäftsmann Hartwig Kantorowicz in seiner Brennerei in Posen mit der Produktion der Spirituose begann. Noch im selben Jahr stellte er seine Kreation bei einem Wettbewerb zur Prämierung des besten polnischen Wodkas vor und entlockte dem Jurypräsidenten mit seinem Wässerchen ein begeistertes *wyborowa*, was nichts anderes als „exzellent" bedeutet. Dies inspirierte Kantorowicz, seinen Wodka Wyborowa zu nennen, später kam dann noch das Wort *wódka* – die polnische Bezeichnung für Wodka – dazu, und damit war der bis heute gültige Markenname geboren.

Bis 1873 kam nur das polnische Inland in den Genuss des ausgezeichneten Produkts, danach begann der Export nach Europa. 1927 schließlich wurde Wyborowa die erste internationale Wodkamarke, und in den 1950er- und 1960er-Jahren trank halb Europa die polnische Spirituose.

Mit den Ende der 1980er-Jahre in Osteuropa einsetzenden politischen Umwälzungen geriet die Brennerei in Posen jedoch in eine immer bedrohlichere wirtschaftliche Schieflage. Angesichts der internationalen Beliebtheit des Wyborowa entschied sich dann der französische Spirituosenkonzern Pernod Ricard, die Wodkafabrik zu übernehmen, wo der Brand bis heute nach unverändertem Rezept entsteht.

Rohstoff für den Wyborowa ist ausschließlich Roggen, der von kleinen

Privatbrennereien in einem ersten Brenngang per Säulendestillation zu 90 Volumenprozent starkem Rohalkohol verarbeitet wird. Um einen Liter von diesem Rohalkohol zu produzieren, sind 3 Kilogramm Roggen notwendig. Im nächsten Schritt wird der Rohbrand dann in die Rektifikationsanlage transferiert, wo verbliebene Unreinheiten abgeschieden werden. Wenn der Wyborowa dann mit Quellwasser auf Trinkstärke – die beim Wyborowa 40 Volumenprozent beträgt – gebracht ist, erfolgt im anschließenden Filtrationsprozess die Entfernung letzter Schwebeteilchen. Rundherum sauber, gelangt der Wodka dann in die Abfüllanlage, wo stündlich 5000 Flaschen Wyborowa vom Band laufen.

Unter Fachleute gilt der Wyborowa als gänzlich stimmiger Brand zu einem moderaten Preis, der bei aller Unaufdringlichkeit nicht langweilig ist und durch seine Harmonie überzeugt. Außerdem steht er in dem Ruf, ungemein vielseitig zu sein, und schmeckt als Shot bei Zimmertemperatur oder eisgekühlt ebenso gut wie im Cocktail. Im Bouquet überzeugt er mit dem Duft von Vollkornbrot und

ist dazu leicht nussig und erdig. Diese Noten setzen sich auch am Gaumen fort, dazu überzeugt der Brand mit einem cremigen Mundgefühl und einem sanften Finish.

Mit dem Wyborowa Exquisite positioniert sich die Marke seit geraumer Zeit auch im gehobenen Segment und setzt mit der von Stararchitekt Frank Gehry gestalteten Flasche optisch auf schlichte Eleganz. Grundstoff für die Premium-Spirituose sind sortenreiner Dankowskie-Zlote-Roggen von ausgesuchten Feldern sowie bestes Quellwasser. Um Konstanz in Qualität und Geschmack sicherzustellen, wird Wyborowa Exquisite nur in einer einzigen Destillerie in Turew hergestellt. Gebrannt wird nur in kleinen Mengen unter dem strengen Auge des Master Distillers.

Wer sich einen Exquisite gönnt, verwöhnt seinen Gaumen mit dem würzigen Geschmack von Roggen, unterlegt mit einem süßen Hauch von Spekulatiusgewürz. Ebenfalls ein besonderer Genuss sind das cremige Mundgefühl und der überraschend nussige Abgang.

XELLENT SWISS VODKA

DIWISA DISTILLERIE WILLISAU SA
WILLISAU, SCHWEIZ

„Pure Swissness" – mit diesem Slogan bewirbt die Diwisa-Destillerie in Willisau die Produkte ihrer Xellent-Range, zu der auch der Swiss Vodka gehört. Konkret bedeutet dies, dass die Brände ausschließlich aus Zutaten aus der Schweiz hergestellt werden, und auch die Produktion erfolgt in der Schweiz. Die Erfolgsgeschichte des Familienunternehmens begann 1918, als der 20-jährige Hans Affentranger eine Firma zur Herstellung von Spirituosen, Likör und Sirup gründete. Vor allem seine Obstbrände erfreuten sich schon bald überregionaler Beliebtheit, und heute ist die Diwisa Marktführer für Herstellung und Vertrieb von alkoholischen Getränken in der Schweiz.

Bei der Produktion setzt man bei Diwisa auf eine bewährte Kombination aus handwerklichem Know-how – gebrannt wird zum Beispiel ganz traditionell im Kupferhafen – und Hightech-Elementen, dazu auf beste Rohstoffe aus der Region: Im Falle des Xellent Swiss Vodka sind das die für ihren milden Eigengeschmack bekannten Schweizer Roggensorten Picasso und Matador sowie extra weiches Gletscherwasser vom Titlis. Nach der vom Master Distiller streng überwachten Dreifach-Destillation ruht der Brand zunächst einige Monate, um dann schrittweise mit kleinen Ruhepausen auf die Trinkstärke von 40 Volumenprozent reduziert zu werden.

Das Ergebnis ist ein milder, weicher Wodka, der den Gaumen mit traditionellen Getreidenoten und einer elegant zurückhaltenden Süße ver-

wöhnt. Nicht minder erfreulich ist der samtige, lang anhaltende Abgang. Damit ist der Xellent ein Wodka, den man am besten pur genießen sollte, doch auch Cocktailfreunde sind dank seiner Schweizer Neutralität gut mit dem Premium-Brand beraten.

ŻOŁĄDKOWA GORZKA

STOCK POLSKA, POLMOS LUBLIN S.A.
LUBLIN, POLEN

Streng genommen handelt es sich beim Żołądkowa Gorzka nicht um einen Wodka, sondern um einen Wodka-Likör, der in seiner polnischen Heimat als Magenbitter-Wodka bezeichnet wird. Produziert wird er im polnischen Lublin in der Anlage der 1906 gegründeten Polmos-Brennerei, die seit 2008 zur Stock Spirits Group gehört.

Den Żołądkowa Gorzka gibt es in Polen bereits seit 1950, wobei seine Rezeptur nach Angaben des Herstellers auf das Jahr 1822 zurückgeht. Zutaten sind – neben auf Getreidebasis hergestelltem Wodka – ausgewählte Kräuter, Gewürze und Trockenfrüchte, denen der Likör seine herrlichen Aromen und die leichte würzig-süße Note verdankt, während seine delikate herb-bitter Komponente der Zugabe von Bitterorangen geschuldet ist. Das

i-Tüpfelchen der Komposition ist der natürliche Karamell, der den Gorzka geschmacklich abrundet und ihm seine goldgelbe Färbung verleiht. Inzwischen sind neben der traditionellen Geschmacksrichtung auch noch mit Honig, Feige, Minze oder Kirsche aromatisierte Varianten zu haben.

Jüngstes Mitglied der Żołądkowa-Familie ist der klare Żołądkowa de Luxe, der seit 2007 auf dem Markt ist und die Verbraucherherzen im Sturm erobert hat. Heute gehört er im eigenen Land zu den beliebtesten Wodkamarken. Er wird vor allem wegen seines leicht pfeffrigen Duftes und seines reinen Geschmacks geschätzt. Überdies verwöhnt er den Gaumen mit dezenten süßen Noten und Anklängen von Anis und geröstetem Getreide. Der Abgang ist cremig und nussig, dazu gesellt sich ein Hauch von Pfeffer und Fenchel.

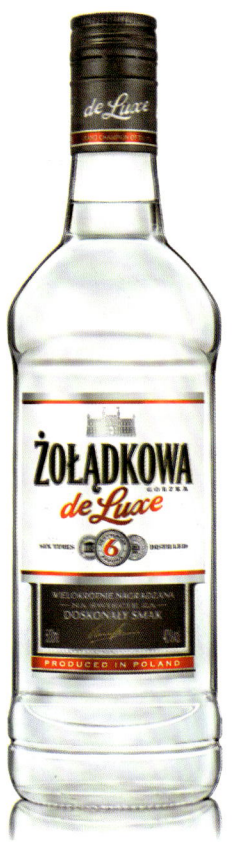

ŻUBRÓWKA

POLMOS BIAŁYSTOK
BIAŁYSTOK, POLEN

Der jahrhundertealte Streit zwischen den Wodkanationen Polen und Russland um die Wodka-Urheberschaft ist bis heute nicht eindeutig geklärt, aber dass der Żubrówka eine genuin polnische Spezialität ist, scheint unbestritten.

Marke sicherte und die nach Waldmeister schmeckende Spirituose seitdem erfolgreich unter diesem Namen herstellt und vertreibt, ist der Büffelgras-Wodka in verschiedenen Ländern unter anderen Namen zu haben. In Deutschland zum Beispiel

Im Namen Żubrówka steckt das polnische Wort *żubr* für Wisent bzw. Europäisches Bison. Żubrówka war ursprünglich gar kein Markenname, sondern bezeichnete eine Wodkagattung und damit alle Wodkas, die mit eben jenem Bisongras aromatisiert werden, von dem sich das vom Aussterben bedrohte Wisent unter anderem ernährt. Während sich die polnische Polmos-Brennerei in Białystok 1965 die Gattungsbezeichnung als

als Grasovka, in der anglophonen Welt als Grass Vodka oder Bison Grass Vodka.

Doch zurück zum polnischen Original, das wie die meisten seiner Gattung Flasche für Flasche mit einem Halm Büffelgras versehen wird. Der dient vor allem dekorativen Zwecken, denn seinen Geschmack erhält der Wodka bereits bei der Destillation, die unter der Beigabe von

Bisongras erfolgt. Dazu kommt noch ein gekonnt komponiertes Potpourri weiterer Aromen, das dem als Basisspirituose dienenden 100-prozentigen Roggenwodka weitere charakteristische Noten verleiht.

Mit dem Żubrówka ist es wie mit Lakritz oder Marzipan – entweder man liebt ihn oder man hasst ihn. Seine Fans schätzen besonders seine grasigen und würzigen Aromen und den sommerleichten Waldmeistergeschmack mit Anklängen von Vanille, Mandel und Zimt sowie das lang anhaltende, intensive Finish. Am besten, so die einhellige Meinung, schmeckt Żubrówka on the rocks, doch wer mit sicherer Hand kombiniert, wird ihn auch als Cocktailbasis mögen. In Polen trinkt man ihn gerne als Longdrink mit Apfelsaft.

42 BELOW VODKA

BACARDI & COMPANY LIMITED
42 BELOW LIMITED · GEOFF ROSS-DESTILLERIE
WELLINGTON, NEUSEELAND

Ein echter Exot in der internationalen Wodkafamilie ist der 42 Below, und das nicht nur wegen seiner neuseeländischen Herkunft, sondern auch wegen seines erstaunlichen Geschmacksspektrums: Den europäischen Gaumen überrascht er mit so wenig vertrauten Noten wie Feijoa (Ananas-Guave) oder Manuka-Honig, einer aus dem Nektar der Südseemyrte gewonnenen Spezialität.

Ihren Anfang nahm die ungewöhnliche Geschichte des Brandes mit der Idee des Markenerfinders Geoff Ross, im reinen Klima der neuseeländischen Hauptstadt Wellington einen ebenso reinen Wodka zu produzieren. Dass er diesen Wodka schlicht 42 Below nannte, hat zwei Gründe: Zum einen liegt Wellington exakt auf 42 Grad südlicher Breite, zum ande-

ren wird auf eben diesem Breitengrad der weltweite Luftreinheitsstandard gemessen.

In den ersten Jahren brannte Ross seinen Wodka ausschließlich für befreundete Barkeeper aus der Umgebung, zum Durchbruch kam

es dann 2004
und 2005, als Ross seinen 42 Below spaßeshalber bei diversen Spirituosenmessen vorstellte – und eine internationale Auszeichnung nach der andern gewann. Ab 2006 eroberte der Neuseeländer dann das Ausland, und der weltumspannende Bacardi-

Konzern wurde auf die Marke aufmerksam. 2008 entschloss Ross sich, an den Rum-Giganten zu verkaufen, der die internationale Vermarktung des Wodkas seitdem weiter intensiviert.

Die Produktion des inzwischen weltbekannten Premium-Wodkas erfolgt allerdings nach wie vor in der von Ross gegründeten Destillerie, denn seinen ganz speziellen Charakter verdankt der 42 Below vor allem reinem Quellwasser und bestem Weizen aus der Region. Diese Zutaten sorgen für ein dezentes Weizenaroma mit einem hauchzarten Vanilleduft und eine ansprechende Milde.

Mixen mit Wodka

WODKA MARTINI

... wie James Bond ihn trinkt. Nein, in einem trockenen Martini steckt wirklich kein Tropfen Wermut.

Zutaten

- 3 cl Gin
- 1 cl Wodka
- 0,5–1 cl Lillet
- 1 Zitronenzeste zum Dekorieren

Zubereitung

Wer es authentisch mag, bereitet den Cocktail so zu, wie James Bond ihn in Ian Flemings „Casino Royale" bestellt: „Einen trockenen Martini", sagte Bond. „In einem tiefen Champagnerglas ... drei Teile Gordon's, einen Teil Wodka und einen halben Teil Kina Lillet. Schütteln Sie das Ganze, bis es eiskalt ist, und garnieren Sie es mit einer großen, dünnen Scheibe Zitronenschale. Haben Sie das?"

WHITE RUSSIAN

Der White Russian ist eigentlich nichts anderes als ein jüngerer Bruder des aus Wodka und Kaffeelikör bestehenden Black Russian. Seinen deutlich sanfteren Charakter verdankt er der Beigabe von Sahne. Unsterblich wurde er wohl durch seinen Auftritt im Kultfilm „The Big Lebowski", wo er neben Jeff Bridges, der den legendären Dude verkörpert, eine Hauptrolle spielt und mit *half and half*, einem Gemisch aus Milch und Sahne, gemixt wird. Im Laufe des Filmes trinkt Lebowski, wie die eingeschworene Fangemeinde gezählt hat, neun White Russians, was in knapp zwei Stunden eine stattliche Menge ist.

Zutaten

- *3 cl Wodka*
- *2 cl Kaffeelikör*
- *2 cl Sahne*

Zubereitung

Wodka und Kaffeelikör in einen Tumbler mit Eis geben und alles umrühren. Zum Schluss die Sahne langsam über einen umgedrehten Kaffeelöffel dazugießen.

BLACK RUSSIAN

Zutaten

- *3 cl Wodka*
- *3 cl Kaffeelikör*

Zubereitung

Wodka und Kaffeelikör mit einigen Eiswürfeln im Rührglas verrühren. In ein Cocktailglas abseihen und 2 Eiswürfel dazugeben.

Die kalorienärmere Variante des White Russian mit Milch nennt der Dude übrigens Kaukasier, weitere Varianten des Cocktails sind zum Beispiel der White Canadian mit Ziegenmilch, der Blind Russian, in dem Baileys die Sahne ersetzt und der damit ausschließlich aus alkoholischen Zutaten besteht, oder der White Cuban, der mit Rum statt mit Wodka gemischt wird. Einen Green Russian hat man im Glas, wenn man den Kaffeelikör durch Crème de Menthe ersetzt.

MOSCOW MULE

Der Moscow Mule wurde, anders als der Name vermuten lassen könnte, nicht in der russischen Kapitale erfunden, sondern in den 1940er-Jahren in den USA. Letztlich ist es diesem Drink aus der Kategorie der Highballs zu verdanken, dass der Wodka auch in US-amerikanischen Bars heimisch wurde, denn in den Fünfzigern, dem goldenen Zeitalter der amerikanischen Cocktail-Kultur, war der traditionell in einer Kupfertasse servierte Drink mächtig en vogue.

Jene Kupfertasse war übrigens ein geschickter Marketing-Coup der Moscow-Mule-Erfinder G. F. Heublein Brothers Inc. Das Spirituosenunternehmen hatte die einstige russische Traditionsmarke Smirnow, die sich später in Smirnoff umbenannte, während der Weltwirtschaftskrise erworben und suchte nach Möglichkeiten, ihr neues Produkt an den Mann zu bringen. Gemeinsam mit einem Barbesitzer, der nach Absatzmärkten für seine hauseigene Ingwerlimonade suchte, entwickelte der neue Smirnoff-Chef das Rezept für den Drink. Der Kupferbecher sollte die Mischung unverwechselbar machen. So wurden emsig Kupfertassen in den Bars verteilt – und die Rechnung ging auf: Schon bald gehörte es zum guten Ton, sich beim abendlichen Small Talk an der Kupfertasse festzuhalten.

Moscow Mule bedeutet übrigens so viel wie „Moskauer Maultier", und wer zu viel davon trinkt, fühlt sich angeblich tatsächlich, als hätte er es mit einem Maultier aufgenommen.

Zutaten

- *5–6 cl Wodka*
- *1–2 cl frischer Limettensaft*
- *12–15 cl Ginger Beer*
- *1 Spritzer Cocktail Bitters (z. B. Angostura) nach Geschmack*
- *1 Stück Salatgurke oder Limette zum Garnieren*

Zubereitung

Limettensaft und Wodka in das mit Eiswürfeln gefüllte Glas (Highball oder Kupferbecher) geben. Mit Ginger Beer auffüllen, vorsichtig umrühren und wahlweise mit frischer Salatgurke oder Limettenspalte garnieren.

JUST NOW

Der Cocktail für besondere karibische Augenblicke –
wenn nicht jetzt, wann dann …

Zutaten

- *2 cl Wodka*
- *2 cl Pfirsichlikör*
- *0,5 cl Blue Curaçao*
- *1 cl Ananassaft*
- *Kumquats zum Dekorieren*

Zubereitung

Wodka, Pfirsichlikör, Blue Curaçao,
Ananassaft mit Eiswürfeln im Shaker
mixen. In ein kleines Cocktailglas ab-
gießen. Mit Kumquats garnieren.

HEARTBEAT

Für Herzklopfen sorgt hier beste Völkerverständigung auf spiritueller Basis:
Der Wodka zeigt sich beim Rendezvous mit Chartreuse und Galliano zurückhaltend, ohne schüchtern zu sein.

Zutaten
- *3 cl Wodka*
- *3 cl Galliano*
- *3 Barlöffel grüner Chartreuse*
- *2 cl Zitronensaft*

Zubereitung
Wodka, Galliano, grünen Chartreuse
und Zitronensaft mit 3 Eiswürfeln im
Shaker schütteln. In eine große Cocktailschale 3 frische Eiswürfel geben und
den Cocktail darauf abseihen.

BLUE LAGOON

Dieser fruchtig-süße Cocktail schmeckt nach durchtanzten,
unbeschwerten Sommernächten.

Zutaten

- 4 cl Wodka
- 2 cl Zitronensaft
- 3 Barlöffel Blue Curaçao
- 1 Zitronenzeste
  zum Dekorieren

Zubereitung

Wodka, Zitronensaft und Blue Curaçao
mit einigen Eiswürfeln im Shaker mixen
und in eine kleine Cocktailschale mit
Crustarand abseihen. Mit der Zitronenzeste dekoriert servieren.

BIKINICOCKTAIL

Wer Bananenshakes mag, wird diesen Cocktail lieben.

Zutaten

- *2 cl Wodka*
- *2 cl Crème de Bananes*
- *2 cl Sahne*

Zubereitung

Wodka, Crème de Bananes und Sahne mit einigen Eiswürfeln im Shaker schütteln. In ein Longdrinkglas abfüllen und einige Eiswürfel dazugeben.

SEX ON THE BEACH

Vermutlich ist der Name dieses Cocktails perspektivisch zu deuten, doch wie das Ergebnis auch aussieht – gute Laune macht dieser fruchtige Cocktail allemal. Wer auf alkoholische Zutaten verzichtet, genießt Safer sex on the beach.

Zutaten

- 3 cl Wodka
- 2 cl Melonenlikör
- 1 cl Grenadinesirup
- 6 cl Cranberrysaft
- 6 cl Ananassaft
- 1 Sternfruchtscheibe und 1 Melonenstück zum Garnieren

Zubereitung

Crushed Ice in ein Ballonglas geben. Alle Zutaten bis auf die Dekoration im Mixer mit einigen Eiswürfeln mixen und in das Glas abseihen. Mit der Sternfrucht und der Melone dekorieren.

GIPSY QUEEN COCKTAIL

Diese Mischung aus Wodka und Kräuterlikör wurde nach dem Ende der
Prohibition vor allem in russischen und polnischen Bars in den USA aus-
geschenkt, die sich nach Zeiten vermeintlicher Abstinenz endlich wieder
offen zu der Spirituose aus der Alten Welt zu bekennen wagten.

Zutaten

- *5 cl Wodka*
- *1 cl Bénédictine*
- *1 Spritzer Orangebitter*

Zubereitung

Wodka, Bénédictine und Orangebitter
im Shaker mit den Eiswürfeln kräftig
schütteln. In ein Cocktailglas abseihen.

SCREWDRIVER

Hinter diesem Namen verbirgt sich der klassische Wodka-O. Angeblich verdankt der Drink seine Bezeichnung US-amerikanischen Erdöl-Arbeitern, die sich in Ermangelung anderen Bestecks den Wodka mit ihrem Schraubenzieher in den Orangensaft rührten. In einer guten Bar wird er mit frisch gepresstem Orangensaft gemischt, wobei der Wodka den Geschmack eindeutig dominieren soll.

Zutaten

- 4 cl Wodka
- 16 cl Orangensaft
- 1 Orangenscheibe
  zum Garnieren

Zubereitung

Den Wodka in einen Tumbler auf Eis geben und mit Orangensaft auffüllen. Mit der Orangenscheibe dekorieren.

BLOODY MARY

Die Bloody Mary ist der unbestritten bekannteste Cocktail aus der Kategorie der sogenannten Pick-me-ups, der Katergetränke. In seiner ursprünglichen Mischung, die der Bloody-Mary-Erfinder Fernand Petiot der Legende nach in „Harry's New York Bar" in Paris so illustren Gästen wie Ernest Hemingway und F. Scott Fitzgerald servierte, bestand der Cocktail noch zu gleichen Teilen aus Wodka und Tomatensaft. Das lässt vermuten, dass er den Kater eher vergessen ließ als zu bekämpfen. Mit Petiot gelangte das Rezept auch in die USA. Dort entwickelte sich das Getränk zu einem echten Klassiker US-amerikanischen Zuschnitts. Zwischenzeitlich wurde der Cocktail auch als Red Snapper verkauft, weil man den Namensbestandteil „Bloody" ungeachtet des kaum zu leugnenden Bezugs zum Tomatenrot als zu verfänglich betrachtete, da *bloody* in der Umgangssprache so viel bedeutet wie *verdammt*. Ob man den Drink mit Worcestersoße, Tabasco, Senf, Meerrettich oder Salz und Pfeffer würzt, ist letztlich eine Frage des individuellen Geschmacks. Eine Regel besteht in dieser Hinsicht nicht. Wer nicht an die wohltuende Wirkung von Wodka als Katermittel glaubt, lässt ihn weg und trinkt seinen Tomatensaft als Virgin Mary.

Die Herkunft dieses Cocktailnamens ist nicht eindeutig zu klären. Während die einen behaupten, er sei in Anlehnung an die von ihrer Nachfolgerin Elisabeth I. als Bloody Mary bezeichnete englische Tudor-Königin Maria I. entstanden, vertreten andere die Ansicht, er sei Anspielung auf eine hübsche Kellnerin namens Mary, die in einem Chicagoer Club namens „Bucket of Blood" gearbeitet und einem Kunden von Petiot sehr gefallen habe.

Zutaten

- *5 cl Wodka*
- *1 cl Zitronensaft*
- *10 cl Tomatensaft*
- *Worcestersauce, Tabasco, Selleriesalz, Pfeffer*
- *Selleriegrün zum Garnieren*

Zubereitung

Wodka, Zitronen- und Tomatensaft im Shaker auf Eis kräftig schütteln oder im Mixglas gut verrühren. Mit Gewürzen abschmecken und mit Selleriegrün garniert servieren.

AQUA MARINA

Lassen Sie sich ein auf diese überraschende Mischung,
die Sie erfrischen wird wie eine Meeresbrise.

Zutaten

- 5 cl Wodka
- 2,5 cl grüne Crème de Menthe
- 2,5 cl Zitronensaft
- eiskalter Sekt

Zubereitung

Wodka, grüne Crème de Menthe und
Zitronensaft im Shaker mit einigen Eiswürfeln schütteln. In ein Longdrinkglas
abseihen und mit eiskaltem Sekt auffüllen.

ATLANTIS

Ein feinherber Cocktail mit dezenten süßen Noten.
Ein ausgewogenes Vergnügen.

Zutaten

- *4 cl Wodka*
- *2 Barlöffel Pfirsichlikör*
- *2 cl Grapefruitsaft*
- *eisgekühlter Bitter Lemon*

Zubereitung

Wodka, Pfirsichlikör und Grapefruitsaft im Shaker kräftig schütteln. Eiswürfel in ein Longdrinkglas geben, den Cocktail daraufgießen und mit eisgekühltem Bitter Lemon auffüllen. Nach Belieben garnieren.

SWIMMINGPOOL

Erfinder dieses azurblauen Cocktails, der mit seinen tropischen Noten vor allem den Geschmack der 80er-Jahre traf, war Deutschlands Barlegende Charles Schumann. Und ähnlich wie die Mode dieser Dekade erlebt auch der Drink immer wieder ein Comeback.

Zutaten

- 4 cl Wodka
- 2 cl Blue Curaçao
- 4 cl Kokosnusssirup
- 12 cl Ananassaft
- 2 cl Sahne
- 1 Ananasstück und 1 Sternfruchtscheibe zum Garnieren

Zubereitung

Wodka, Blue Curaçao, Kokosnusssirup, Ananassaft und Sahne mit einigen Eiswürfeln gut durchmixen. Danach in ein mit einigen Eiswürfeln gefülltes Longdrinkglas abseihen. Gut umrühren und mit Ananasstück und Sternfruchtscheibe garnieren..

COSMOPOLITAN

Dass der Cosmopolitan aus den internationalen Cocktailbars nicht mehr weg-zudenken ist, ist angeblich Poplegende Madonna zu verdanken, die ihn 1995 im angesagten New Yorker „Rainbow Room" bestellt und damit einen Run auf den Drink ausgelöst haben soll. Wann genau der Cosmo, wie er häufig genannt wird, tatsächlich erfunden wurde, ist unklar – erste Vorgänger sind aus 1930er-Jahren bekannt. So wie man ihn heute trinkt, wird er Anfang der 1990er-Jahre erstmals erwähnt, und die International Bartenders Association führt ihn in der Kategorie „Zeitgenössische Klassiker". Spätestens seit Sex-and-the-City-Heldin Carrie Bradshaw und ihre Freundinnen sich regelmäßig bei einem Cosmopolitan von den Wirren des New Yorker Singlelebens erholten, dürfte der Lifestyle-Drink auch einem größeren Publikum bekannt sein.

Nach Auskunft eines Cocktailbuchs mit dem Titel „Travelling Mixologists" (Reisende Mixologen) aus den Dreißigern bildete die Basis für den frühen Cosmopolitan nicht Wodka, sondern Gin, und seine fruchtige Süße verdankte er nicht wie heute Cranberrysaft, sondern Himbeersirup. Außerdem gab es seinerzeit eine ganze Reihe vollkommen anderer Drinks, darunter einen Cocktail aus Rye Whiskey, Crème Yvette, Wermut, Grenadine und Picon, die ebenfalls unter dem Namen Cosmopolitan serviert wurden, heute aber – ebenso wie die Ursprungsversion des aktuellen Cocktails – weitgehend von der Landkarte der Mixgetränke verschwunden sind.

Zutaten

- 3 cl Vodka Citron
- 1,5 cl Orangenlikör
- 1,5 cl Limettensaft
- 1,5 cl Cranberry- oder Preiselbeersaft
- ½ Zitronenscheibe zum Garnieren

Zubereitung

Vodka Citron mit Orangenlikör, Limettensaft, Cranberry- oder Preiselbeersaft und einigen Eiswürfeln im Shaker kräftig mixen. In ein kleines Glas abseihen und mit der halben Zitronenscheibe garnieren.

WHITE CLOUD

Kommt harmlos mild daher, doch Obacht: Nach hinten heraus
offenbart er gerne mal sein ganzes Potenzial.

Zutaten

- 3 cl Wodka
- 2 cl weiße Crème de Cacao
- 1 cl Sahne
- 1 Barlöffel Kokosnusssirup

Zubereitung

Wodka, weiße Crème de Cacao, Sahne und
Kokosnusssirup mit einigen Eiswürfeln
mixen und in ein Cocktailglas abseihen.

KAMIKAZE

Der Name ist Programm: In seiner Wirkung steht dieser häufig als Shortdrink servierte Cocktail der Schlagkraft der legendären japanischen Flieger in nichts nach.

Zutaten
- *2 cl Wodka*
- *2 cl Orangenlikör*
- *2 cl Limettensaft*
- *1 Limettenachtel zum Garnieren*

Zubereitung
Wodka, Orangenlikör und Lime Juice mit einigen Eiswürfeln verrühren und in eine Cocktailschale abseihen. Den Glasrand mit dem Limettenachtel dekorieren.

REGISTER

WODKA-PORTRÄTS

MIXEN MIT WODKA

Bildnachweis

Arcus AS: S. 2

Bacardi Limited: S. 46 o.

Brown-Forman Corporation: S. 25 l.

Destillerie Farthofer: S. 4/5 (Manfred Horvath), 26, 29 o. r., 100, 101 u. (Murat Aslan), 120, 121 (Weinfranz)

Diageo plc: S. 17 l., 17 r., 31, 41, 46 u., 143 o.

dpa Picture-Alliance, Frankfurt/Main: S. 18, 19, 37, 48/49

Fotolia.com: S. 28 u. (© Christian Jung), 29 u. (© airborne77), 30 (© Andre), 32/33 (© jiri jura), 183 (© Francesco Italia), 186 (© Lukas Gojda)

INTERFOTO, München: S. 11, 12, 13, 14, 15, 16

Ketel One Nolet Distillery: S. 27, 207

Koninklijke Distilleerderij M. Dirkzwager B.V.: S. 40

LVMH Moët Hennessy – Louis Vuitton S.A.: S. 20

mauritius images, Mittenwald: S. 10, 47

Pernod Ricard S.A.: S. 8, 23, 24, 28 o., 34, 35, 38, 43, 45, 50

Simex Vertrieb GmbH & Co. KG: S. 29 o. l., 42, 118, 150, 180/181

TLC Fotostudio: S. 184–185, 188–205

U'Luvka Ltd: S. 21, 22, 36

Whyte and Mackay Ltd: S. 25 r.

Wikimedia: S. 7 (Arne Hückelheim), 9, 44 (jimmyweee)

Alle Produktabbildungen stammen – soweit nicht anders angegeben – von den jeweiligen Herstellern und Vertriebspartnern.